Debra Landwehr Engle
Lass es mit Liebe geschehen

Debra Landwehr Engle

Lass es mit Liebe geschehen

Zehn einfache Schritte, die dein Leben verwandeln

Aus dem amerikanischen Englisch
von Anita Krätzer

Ansata

Die Originalausgabe erschien 2019 unter dem Titel »Be the Light that You Are« bei Hampton Roads Publishing Company, Inc. USA.

Verlagsgruppe Random House FSC® N001967

Erste Auflage 2019
Copyright © 2019 by Debra Landwehr Engle
Originally published in 2019 by
Hampton Roads Publishing Company, Inc. USA
Copyright © der deutschsprachigen Ausgabe 2019 by Ansata Verlag,
München, in der Verlagsgruppe Random House GmbH,
Neumarkter Straße 28, 81673 München
Alle Rechte sind vorbehalten. Printed in Germany.
Redaktion: Diane Winkler
Umschlaggestaltung: Guter Punkt
unter Verwendung eines Motivs von © katyakatya/gettyimages
Satz: Satzwerk Huber, Germering
Druck und Bindung: Pustet, Regensburg
ISBN 978-3-7787-7553-0

www.Integral-Lotos-Ansata.de
www.facebook.com/Integral.Lotos.Ansata

Inhalt

Einleitung

Vor nicht allzu langer Zeit stellte mir ein Teilnehmer meines Seminars zu *Ein Kurs in Wundern* eine wichtige Frage: »Wie kann ich mit Menschen befreundet bleiben, die ständig über andere herziehen, wenn ich mir das doch abgewöhnen will?«

Ein paar Wochen später fragte mich ein anderer Teilnehmer dies: »Ich möchte an einem Protestmarsch teilnehmen, aber ich weiß nicht recht, wie ich das machen soll, ohne wütend und aufgebracht zu sein.«

Und kurz darauf tauchte diese Frage auf: »Meine Cousine, die dunkelhäutig ist, wurde in der Stadt, in der sie wohnt, auf der Straße von einem Mann angehalten, der zu ihr sagte: ›Geh zurück nach Afrika, wo du hingehörst.‹ Ich war nicht dabei, als das geschah, aber ich bin mir nicht sicher, was ich gemacht hätte, wenn ich dabei gewesen wäre. Ich glaube an die Liebe, aber wie hätte ich in dem Moment liebevoll sein können?«

Auch wenn die drei Fragen auf den ersten Blick unterschiedlich wirken, gleichen sie sich in ihrem Kern, weil ihnen dasselbe Problem zugrunde liegt: Wie schaffe ich es in schwierigen Situationen, meinen spirituellen Prinzipien treu zu bleiben? Oder anders formuliert: Wie gelange ich von einer spirituellen Praktik zum Praktizieren meiner Spiritualität?

Möglicherweise stellen Sie fest, dass es relativ einfach ist, in der Stille Ihres Zuhauses, in einem Gebet oder in der Geborgenheit spiritueller Anleitung inneren Frieden zu finden. Aber dann schneidet Sie ein Autofahrer auf der Autobahn. Oder Sie finden die schmutzige Kleidung Ihrer Kinder achtlos hingeworfen auf dem Fußboden. Oder Ihr Ehepartner reagiert Ihnen gegenüber ruppig, nachdem Sie einen rundum schlechten Tag hatten.

Irgendwann müssen wir uns von unserer Meditation erheben, die Kerzen auspusten, die beruhigende Musik ausschalten und unsere Stimmen, Hände und Füße zum Einsatz bringen, denn wir sind fürs Handeln gemacht. Und dann stellt sich uns die Frage: Inwiefern leben wir in Übereinstimmung mit unseren Überzeugungen? In welcher Weise tragen wir dazu bei, diese Welt zu dem friedlichen Ort zu machen, den wir uns wünschen?

Darum geht es in diesem Buch: was zu sagen und zu tun ist. Und wie Sie das Licht vergrößern können, das Sie sind, und zwar unabhängig von der Situation, in der Sie sich befinden, oder davon, wer sich gerade in dem Raum aufhält oder wie sehr Ihr angstbasiertes Ego Sie von Ihrem inneren Frieden wegzulenken versucht.

Ist das möglich? Allerdings.

Ist das einfach? Ja.

Ist das leicht? Nicht immer.

Darum bietet Ihnen dieses Buch eine Grundlage dafür an, sich selbst und die Welt auf neue Weise zu verstehen. Außerdem soll es Ihnen wirkungsvolle Worte und

Handlungsmöglichkeiten für den Einsatz in Alltagssituationen an die Hand zu geben.

Wir alle benötigen ein wenig Coaching – vor allem, wenn die Welt unsere auf Angst basierenden Gedanken statt unser inneres Licht stärkt. Dieses Buch wird Ihnen dabei helfen, die Kluft zwischen dem Punkt, an dem Sie sich momentan befinden, und dem Punkt, an dem Sie sein möchten, zu überbrücken. Es zeigt Ihnen, wie Sie Ihre Welt selbst dann durch Liebe umwandeln können, wenn Sie sich mitten in einem Konflikt befinden und im Chaos feststecken.

* * *

Hat es je eine Zeit gegeben, in der wir *nicht* dachten, dass die Welt verrückt ist? Wahrscheinlich nicht. Aber das Ausmaß an Verrücktheit scheint täglich zuzunehmen, weil wir ständig allen nur denkbaren Formen von Ego-Angst ausgesetzt sind.

Selbst wenn sich diese Angst nicht auf unseren Smartphones und Laptops und in unseren rund um die Uhr verfügbaren Nachrichten zeigt, sickert sie in unser Bewusstsein ein. Wir können unseren Fernseher abschalten, aber wir können nicht unsere Verbindung zum kollektiven Bewusstsein kappen.

Wir alle haben die fantastische Möglichkeit, dieses Drama als Ruf nach Liebe und als Bitte um Hilfe zu verstehen und diesen Ruf und diese Bitte zu beantworten. In unserem Zuhause, in unseren Gemeinden und an unseren Arbeitsplätzen können wir das Chaos Gespräch für Gespräch auflösen.

Die in diesem Buch aufgeführten zehn Grundregeln werden Ihnen zeigen, wie Sie in Übereinstimmung mit der Liebe statt mit der Angst handeln und mit einer Stimme sprechen können, die den höchsten Teil Ihres Selbst widerspiegelt, statt sich an der allgemeinen Wut und den Schuldzuweisungen zu beteiligen.

Manche der Lehren wirken einfach. Etwa: »Urteile nicht über andere.« »Respektiere die Verschiedenartigkeit der Menschen.« »Entschuldige dich.« All dies sind ausgezeichnete Ermahnungen. Aber was bedeutet es wirklich, nicht über andere zu urteilen? Was muss jeder von uns aufweisen, um das zu können? Bedeutet das Respektieren der Verschiedenartigkeit von Menschen, dass man die Andersartigkeit von anderen toleriert, oder beginnt es damit, dass wir die unterschiedlichen Teile von uns selbst respektieren? Und ist es hilfreich, sich zu entschuldigen, wenn uns das nur mit zusammengebissenen Zähnen gelingt?

Vielleicht setzen wir deshalb unsere Prinzipien nicht immer um, weil wir ihre Bedeutung oder die Grundlage, auf der sie aufgebaut sind, oder ihren Wert, uns daran zu erinnern, wer wir sind, nicht wirklich verstehen. Hoffentlich wird Ihnen dieses Buch in dieser Hinsicht ein tieferes Verständnis vermitteln.

Im Laufe dieses Textes finden Sie möglicherweise auch Leitlinien, die Ihre Überzeugungen umstülpen oder Vorstellungen infrage stellen, die Sie Ihr gesamtes Leben lang vertreten haben – Vorstellungen, die in dieser auf Angst basierenden Welt unterstützt werden.

Was wäre beispielsweise, wenn das Aussteigen aus einem Konflikt die beste Art wäre, seine Zuwendung zu zeigen? Was, wenn das Mitfühlendste, was man tun könnte, darin bestünde, nicht mit jemandem mitzuleiden? Was, wenn der Versuch, sich selbst zu schützen, einen in Wirklichkeit nur schwächer machen würde?

Aus diesem Grund ist dieses Buch mehr als nur Inspiration. Es ist ein Kompendium, das Ihnen hilft, Ereignisse in Ihrem persönlichen Leben und im Leben allgemein mit Sinn und Verständnis zu füllen und statt Bitterkeit und Zerrissenheit zu empfinden, zu wahrem Frieden zu gelangen.

In diesem Buch baut jede Regel auf den zuvor angeführten auf, wobei praktische Beispiele veranschaulichen, wie sie im Alltagsleben funktionieren. Sie werden ihre zunehmende Wirkung erkennen, während Sie dieses Buch lesen und die hier beschriebenen Gedanken in die Tat umsetzen. Aber gehen Sie behutsam mit sich um. Die hier enthaltene Fülle von Informationen soll Sie nicht erdrücken. Bei der Einbindung dieser Leitlinien in Ihr Leben geht es um die praktische Anwendung, nicht um Perfektion.

Es ist mir wichtig, darauf hinzuweisen, dass ich die hier beschriebenen Grundregeln nebst anderen Lehren dem Buch *Ein Kurs in Wundern* entnommen habe. Dabei handelt es sich nicht um ein christliches oder ein buddhistisches oder ein jüdisches Buch. Es geht in diesem Buch ganz allgemein um die höheren Ideale, die uns alle leiten, unabhängig davon, wo wir leben, womit wir unser Geld verdienen, was für eine Hautfarbe oder sexuelle Orientierung wir haben, wie alt wir sind, welcher Beschäftigung wir nachgehen oder ob und wo wir beten.

Gleichwohl stützt sich jede Grundregel in diesem Buch auf den Glauben an eine höhere Macht. Ich verwende unterschiedliche Namen für diese Macht – etwa Gott, Quelle oder göttlicher Funke. Nach meinem Verständnis stehen diese Namen alle für denselben Sachverhalt: den Schöpfer, der nicht durch eine bestimmte Religion oder Theologie definiert wird.

Es mag daher vielleicht so scheinen, als würde dieses Buch Atheisten oder Agnostiker ausschließen, aber das ist nicht meine Absicht. Wenn Sie irgendein Wort für eine höhere Macht stört, dann ersetzen Sie es durch das Wort »Liebe«, sodass unsere Überzeugungen eine gemeinsame Grundlage finden.

Noch ein paar Anmerkungen zu meiner Vorgehensweise: Manche der Beispiele in diesem Buch basieren auf Geschichten, die ich gehört, oder auf Situationen, die ich erlebt habe. Falls erforderlich, habe ich aus Verschwiegenheitsgründen Namen geändert, und ich habe die Erfahrungen unterschiedlicher Personen miteinander verknüpft.

Außerdem verwende ich bei ein paar Gelegenheiten folgende Formulierungen: »Bitten Sie darum, dass Ihre auf Angst basierenden Gedanken geheilt werden.« Oder: »Bitte heile meine auf Angst basierenden Gedanken.« Sie entstammen meinem Buch *Sieben kleine Worte*. Seine Lektüre ist natürlich keine Grundvoraussetzung zum Verständnis von *Lass es mit Liebe geschehen*, aber wenn Sie mehr wissen möchten, erfahren Sie in *Sieben kleine Worte* genauer, was es mit diesem Gebet auf sich hat.

Ich hoffe, *Lass es mit Liebe geschehen* kann Ihnen als Leitfaden, Hinweis und Ratgeber dienen. Die hier aufgeführten Grundregeln werden Ihnen helfen, sich als Motor der Veränderung und des Friedens Ihrer eigenen Kraft zu bemächtigen. Entnehmen Sie sie diesem Buch, und übertragen Sie sie in Ihr Alltagsleben.

Also lesen Sie dieses Buch nicht einfach, um es dann in ein Regal zu stellen. Haben Sie es bei sich. Benutzen Sie es. Versehen Sie es mit Anmerkungen. Kleben Sie Haftnotizen hinein. Lesen Sie in ihm, bevor Sie sich in eine möglicherweise konfliktgeladene Situation begeben. Kehren Sie zu ihm zurück, wenn sich irgendetwas in Ihrem Leben nicht stimmig anfühlt. Seien Sie sich dessen bewusst, dass Sie mitreden können. Sie haben es in der Hand, ob Sie aktiv werden, und dieses Buch bereitet Sie darauf vor, dabei das von Liebe erfüllte Licht zu sein, das Sie sind.

Das Einzige, was dieses Buch von Ihnen verlangt, ist die Bereitschaft, und sei sie noch so gering, zu glauben, dass wir durchaus ohne ständige Dramen, Gewalt und Konflikte leben können. Wenn Sie meinen, dass Ihr Leben ebenso wie die Welt immer zerrüttet sein und sich nichts ändern wird, dann versuchen Sie nur einen Augenblick lang, diese Ansicht beiseitezulegen und ein wenig Licht hereinströmen zu lassen.

Ich wünsche mir, dass Sie, wenn Sie dieses Buch zu Ende gelesen haben, Trost und Hoffnung empfinden und mit praktischen Ideen und Antworten ausgestattet sind, die Sie auf der Stelle umsetzen können. Und ich wünsche mir, dass Sie wissen, dass Ihre Worte und Taten Gewicht haben. Sie müssen nicht eine Person des öffentlichen Lebens sein, für ein Amt kandidieren oder eine gemeinnützige Organisation gründen, um diese Welt auf positive Weise voranzubringen. Mit kleinen Änderungen in Ihrem Alltagsleben können Sie höhere Ideale in unsere auf Angst basierende Welt bringen. Nach der Lektüre dieses Buches werden Sie wissen, wie Sie das mit Liebe geschehen lassen können.

Ihre Fähigkeit, mit Liebe zu antworten, haben Sie deswegen, weil Sie diese Liebe *sind*. Sie *sind* das Licht. Wenn das etwas ist, das Sie nicht glauben oder jetzt noch nicht ganz annehmen können, so ist das in Ordnung. Denn das ist genau der Punkt, an dem wir nun als Erstes ansetzen.

Ich bin
Licht & Liebe

♡

Jch bin Ziebe ♡

1.

Seien Sie das Licht, das Sie sind

In jedem von uns gibt es ein Licht, das wie die helle Flamme in einer Laterne leuchtet. <u>Wir können es als Liebe,</u> göttliche Energie oder als Ausdruck unseres Ursprungs bezeichnen. Welchen Namen wir ihm auch geben, dieses Licht erlischt nie.

Aber während wir durch unser Leben gehen, trüben unsere Selbstzweifel die Scheiben der Laterne. Und die Dramen, die sich in der Welt abspielen, fügen ihre eigenen Rußschichten hinzu. Nach und nach kann man die innerlich brennende Flamme leicht aus dem Blick verlieren, vergessen, wie hell sie ist, oder den Glauben daran einbüßen, dass sie überhaupt einmal da war.

Glücklicherweise verändert unser Vergessen die Helligkeit des Lichts nicht. Aber es kann unsere Fähigkeit einschränken, die Wahrheit über unser eigentliches Sein geltend zu machen.

Indem dieses Buch mit der Forderung »seien Sie das Licht, das Sie sind« anfängt, beginnen wir mit einer der tatsächlich schwierigsten Grundregeln von allen. Doch es ist unvermeidbar, mit ihr zu starten, weil jede Regel in diesem Buch auf der festen Grundlage ruht, dass wir alle und damit auch Sie das Licht sind. Ohne diese Basis würden die anderen Lehren auf wackeligem Boden schwanken.

Wir haben über Generationen unsere Welt auf der Angst davor, wer wir sind, errichtet. Aus diesem Grund gibt es, wenn wir eine bessere Welt errichten wollen, keinen anderen Anfangspunkt für uns als diese Wahrheit.

* * *

Als ich ein kleines Mädchen war, wusste ich, dass es mehr gibt als diese Welt der Häuser, in denen man wohnt, und der Monopolyspiele, mit denen man sich befasst, und der Fahrräder, mit denen man herumfährt. Auch wenn es mir nicht bewusst war, besaß ich auf irgendeiner Ebene das Wissen, dass jeder von uns eine Seele, einen Wesenskern hat.

Unsere Hündin Pepper und all ihre Welpen hatten Seelen. Die Platane in unserem Vordergarten, auf die ich kletterte, hatte eine Seele. Die Glühwürmchen, die wir in Weckgläsern mit durchlöcherten Deckeln fingen, hatten Seelen.

Das Wort »Seele« hat für unterschiedliche Menschen eine unterschiedliche Bedeutung. Ich verstand darunter einen Lichtfunken; eine mysteriöse, aber beseelende Energie, die uns zum Leben erweckt und uns die Fähigkeit schenkt, zu fühlen, uns um jemanden oder etwas zu kümmern und Erfahrungen zu machen. Ich wusste, dass dieses Licht von einer Quelle jenseits von mir stammt und dass wir alle es verkörpern. Und ich wusste, dass es erheblich über unser Aussehen oder unsere Kleidung oder die Art unserer Handlungen hinausgeht.

Unser barscher Nachbar auf der gegenüberliegenden Straßenseite besaß dieses Licht ebenso wie meine Lehrer – diejenigen, die ich mochte, und diejenigen, die ich nicht mochte. Auch Billy, der lispelnde Junge in meiner Klasse, über den die anderen Kinder herzogen, besaß es. Und obwohl ich in einer homogenen Wohngegend und in einem homogenen Staat lebte, wusste ich, dass die Menschen, die ich im Fernsehen sah und die eine andere Hautfarbe hatten und in anderen Ländern lebten, es ebenfalls besaßen.

Das Wissen, dass in jedem ein Licht brennt, verdankte ich keiner besonderen Gabe. Ich vermute, dass Sie das als Kind ebenfalls wussten. Hoffentlich konnten Sie sich dieses Wissen erhalten. Aber häufig wird die Gewissheit, dass wir das Licht sind – ein Licht der Güte, das ebenso göttlich ist wie die Kraft, die uns erschaffen hat –, aus uns herausgepresst und durch die Angst, dass wir irgendwelchen Ansprüchen nicht genügen, ersetzt.

Darum ist es wichtig, als Erstes diesen grundlegenden Glauben wiederherzustellen – sich an ihn zu erinnern und ihn anzunehmen –, auch wenn Sie das anfangs vielleicht noch sehr zögerlich tun. Nur so wird die Basis dafür geschaffen, dass Sie Ihre Welt mit der Wahrheit des inneren Lichts umgestalten können.

* * *

Die Vorstellung, dass Sie das Licht sind, klingt möglicherweise ein wenig extrem. Aber diese Vorstellung vom Lichtsein taucht in jeder führenden Religion und spirituellen Lehre auf:

- In *Ein Kurs in Wundern* heißt es, dass wir das »Licht der Welt« sind.
- Buddha sagte: »Sei deine eigene Lampe, suche keine andere Zuflucht außer dir selbst, lass die Wahrheit dein Licht sein.«
- In Matthäus 5, 14–16, steht: »Ihr seid das Licht der Welt. ... So soll euer Licht leuchten vor den Leuten, dass sie eure guten Werke sehen und euren Vater im Himmel preisen.«

Jedes dieser Zitate weist auf die Wahrheit hin, dass der Heilige Geist, der Schöpfer, die höhere Macht, die uns erschuf, göttliche Liebe ist, und dass wir das ebenfalls sind. Mit anderen Worten: Da der Heilige Geist, der Schöpfer, die höhere Macht, die uns erschuf, nicht zerrüttet, sündig, schlecht, böse oder unvollkommen ist, sind wir als Abkömmlinge und Schöpfungen des Heiligen Geistes das ebenfalls nicht.

Wie Ihre Lebensumstände auch sein mögen – Ihre Verbindung zu Gott bedeutet, dass Sie ein Anrecht auf Überfluss, Wohlergehen, Frieden und Freude haben. Das ist der Ausgangspunkt, nicht das Ziel. Sie müssen nicht hinausgehen und nach dem suchen, was bereits in Ihnen ist.

Diese Vorstellung widerstrebt Ihnen möglicherweise. Vielleicht erinnern Sie sich an die Worte in einem alten Kirchenlied, die von Ihrer Sündhaftigkeit handeln, oder an Bibelverse, die einen zornigen und rachsüchtigen Gott beschreiben. Sie könnten dann das Gefühl haben, dass Sie solch eines göttlichen Erbes nicht würdig sind.

Eventuell denken Sie sofort an all die Fehler, die Sie gemacht, oder an all die Arten, auf die Sie andere Menschen verletzt haben oder daran, wie Sie tatenlos dagestanden und zugesehen haben, als andere verletzt wurden. Sie könnten auf Hitler oder Stalin oder Todesschützen in Schulen als Beispiele des Bösen verweisen. Sie könnten beginnen, Argumente zu sammeln, warum Sie unmöglich das Licht sein können und warum es sogar blasphemisch ist, zu denken, dass Sie das sind.

Aber solch ein Widerstand und solche Argumente, die »Beweise« für eine Zerrüttetheit liefern sollen, können die Wahrheit nicht ändern.

Es gleicht einer totalen Sonnenfinsternis. Für jene wenigen Augenblicke, wenn der Mond die Sonne verdeckt und einen Schatten auf die Erde wirft, sodass es mitten am Tag dämmrig wird, hat man den Eindruck, die Sonne sei verdunkelt worden. Aber natürlich ist die Sonne so wie immer. Eine vorübergehende Abdeckung durch den Mond verändert nicht die Tatsache, dass sie noch immer da ist – so kraftvoll und strahlend wie immer.

Auch bei uns gibt es vorübergehende Phasen, in denen etwas den Blick auf unser Licht zu versperren scheint. Dabei kann es sich beispielsweise um Ängste oder Unsicherheiten, Urteile über uns und andere, Schuld- und Schamgefühle oder um Hass- und Kriegsgeschichten handeln. Dann konzentrieren wir uns auf jene Dinge, die uns die Sicht versperren. Wir urteilen über sie. Wir denken wieder und wieder über sie nach. Wir hören auf andere, wodurch sich unsere Blockaden noch verstärken. Und bevor wir uns dessen versehen, haben wir das Licht in uns vergessen und glauben, dass uns unsere Blockaden bestimmen und dass wir ihnen nicht entkommen können.

Diese Ängste wurden über so viele Jahrhunderte von so vielen gebildeten Menschen vermittelt, dass sie in unseren Schulen, unseren Gesetzen und unseren Regierungen institutionalisiert worden sind.

»Angst wurde über so viele Jahrhunderte von so vielen gebildeten Menschen vermittelt, dass sie institutionalisiert worden ist.«

Und es stimmt, es gibt kein Entkommen – weil wir nicht zu entkommen brauchen. Wir müssen uns einfach nur an unser Licht statt an unsere Angst erinnern, dann erkennen wir, dass wir die ganze Zeit frei gewesen sind. Wenn wir das tun, wird sich alles andere in unserem Leben entsprechend ausrichten.

Aus diesem Grund ist es hilfreich, wenn wir uns an die Zeit erinnern, als wir noch Kinder waren und das reine Licht in uns selbst und anderen sehen konnten, bevor es durch Angst verdeckt und verdunkelt wurde.

Wenn Sie sich an keine Zeit erinnern können, in der Sie das Licht gesehen haben, dann ist das nicht schlimm. Dieses Buch wird Ihrem Gedächtnis auf die Sprünge helfen.

* * *

Wie können Sie sich daran erinnern, dass Sie das Licht sind? Wie können Sie eine lebenslange Indoktrinierung in ihr Gegenteil verkehren und damit beginnen, sich die Wahrheit statt Unwahrheiten zu eigen machen? Wie gelangen Sie an den Punkt, an dem Sie in den Spiegel blicken und mit der gleichen Leichtigkeit und Selbstverständlichkeit, mit der Sie sagen: »Ich bin eine Mutter/ein Vater.«, »Ich bin ein/e Lehrer/-in.« oder »Ich bin Social-Media-Manager.«, von sich behaupten: »Ja, ich bin das Licht.«?

Zunächst einmal ist es wichtig, dass Sie zwischen dem, *was* Sie sind, und dem, *wer* Sie sind, unterscheiden. Wahrscheinlich wurden Sie Ihr Leben lang auf viele unterschiedliche Weisen danach gefragt, wer Sie sind – auf Formularen, in Bewerbungen für Ausbildungsplätze oder Arbeitsstellen oder bei Begegnungen mit Menschen, die Sie bisher noch nicht kannten.

Die Antwort auf die Frage »Wer sind Sie?« folgt in der Regel etwa folgendem Muster: »Ich bin Marilyn Garcia und habe zwei Kinder. Mein Mann und ich sind seit sechzehn Jahren verheiratet. Er ist Bauunternehmer, und ich bin Buchhalterin.«

Solch eine Antwort liefert einen schnellen Überblick über das Leben einer Person. Sie ist ein in Worte gefasstes Bild, das es uns erlaubt, die Antwortende mit ihrem Mann und ihren Kindern oder bei der Arbeit zu sehen.

Aber wie oft in Ihrem Leben hat Sie schon jemand gefragt: »*Was* sind Sie?« Die Frage mag merkwürdig wirken und provoziert vielleicht die Gegenfrage: »Was meinen Sie damit, wenn Sie mich fragen, *was* ich bin? Ein Vampir? Eine Spionin? Eine Back-up-Sängerin in einer Rockband?«

Die Antwort auf die Frage ist der große Entzerrer, denn sie lautet für jeden gleich: Sie sind das Licht.

Die Wahrheit kommt von einer Ebene jenseits der jeweiligen Persönlichkeit, Identität oder Herkunft. Es ist jene Ebene, welche die Gründerväter der Vereinigten Staaten erkannten, als sie die Unabhängigkeitserklärung verfassten. Die Aussage, dass »alle Menschen gleich erschaffen wurden«, macht das Dokument nicht nur zu einer Gründungsurkunde einer neuen Nation, sondern zugleich zu einer heiligen Bestätigung für die gesamte Menschheit.

Das ist die Ebene, auf der zu leben wir berufen sind. Darum ist es so wesentlich für unseren Frieden, dass wir uns an die Wahrheit über das Licht, das wir sind, erinnern – sowohl jeder Einzelne von uns als auch wir als Gemeinschaft.

* * *

Aber was ist, wenn Sie sich nicht als Licht der Welt empfinden? Was, wenn Ihnen beigebracht wurde, dass Sie ein elender Sünder/eine elende Sünderin sind? Was, wenn Sie, sobald Sie sich umblicken, kaum Licht oder Liebe in Ihrem Leben entdecken?

Ihre derzeitigen Überzeugungen und Lebensumstände mögen so wirken, als seien sie fest verankert und kaum zu erschüttern. Aber ich kann Ihnen versichern, dass sich, sobald Sie sagen »Ich will mich als das Licht der Welt begreifen; als das Kind des göttlichen Geistes, das ich bin«, die Tür zu einer neuen Vorstellung von sich selbst öffnet. Seien Sie bereit, Ihre Ungläubigkeit für einen Augenblick lang beiseitezuschieben und diesen Gedanken zuzulassen. Mehr brauchen Sie nicht, um mit dem Erinnern zu beginnen.

Manche Menschen haben ihr gesamtes Leben auf der Vorstellung aufgebaut, sie seien gebrochen und hilflos und zu einem Opferdasein verdammt. Für sie kann die Wahrheit irritierend sein, weil sie die Struktur ihres Lebens und all der Ängste bedroht, die sie geformt haben. Darum müssen die ersten Schritte hin zu einem Erinnern des Lichts, das einen ausmacht, sanft, aber beharrlich sein. Beispielsweise können Sie so vorgehen:

- Stellen Sie sich vor, dass Sie eine Tür öffnen und sehen, wie Licht hereinströmt.
- Nehmen Sie sich jeden Tag einen Augenblick Zeit, um ruhig dazusitzen und Ihre Dankbarkeit auszudrücken.
- Lächeln Sie jemanden an – genauso einfach, wie das klingt.
- Überprüfen Sie die Geschichten, die Sie sich selbst darüber erzählt haben, wer und was Sie sind. Achten Sie darauf, wie viele dieser Geschichten auf Ihren

»Unzulänglichkeiten« oder »Mängeln« basieren. Wenn Sie sich ihrer bewusst werden, erkennen Sie wahrscheinlich, dass diese Geschichten, wie tief sie auch verwurzelt sein mögen, nicht gänzlich erklären, wer Sie sind oder um was es Ihnen geht.

- Hören Sie auf die Stimme tief in Ihrem Inneren – möglicherweise ist sie seit Langem verschüttet und entsprechend leise –, die sagt: »Ich bin mehr als meine Ängste. Ich bin mehr als meine Fehler. Ich bin mehr als meine Schande. Es gibt ein Licht in mir, das ich bisher noch nicht gesehen habe.«

Ein Teil von Ihnen wird sich heftig dagegen wehren, nach innen zu gehen und das Licht zu sehen. Aber es gibt nichts, wovor Sie sich fürchten müssten. Indem Sie sich an das Licht erinnern, das Sie ausmacht, entlarven Sie Ihre alten Strukturen und Überzeugungen als das, was sie sind: einfach nur ein Märchen. Weil Sie seit langer Zeit mit diesem Märchen gelebt haben, fühlt es sich für Sie vertraut an, und nichts würde gewonnen werden, wenn Sie sich ein Gefühl innerer Heimatlosigkeit vermitteln würden. Gehen Sie also geduldig und sanft mit sich selbst um. Versuchen Sie nicht, alle alten Strukturen mit einem Mal niederzureißen.

* * *

Was aber ist, wenn eine Stimme in Ihnen sagt: »Warum sollte ich glauben, dass ich das Licht der Welt bin, wenn mir genau das Gegenteil beigebracht wurde?«

Wenn das der Fall ist, dann sehen Sie sich einmal genau an, was Ihre Überzeugungen in Ihrem Leben bewirkt haben.

Denn alles, was wir erleben, wird durch das erzeugt, was wir über uns selbst denken. Häufig lässt ein Glaube an Sünde oder Gebrochenheit einen tiefen Abgrund aus Scham und Schuld in einem entstehen, und man beginnt tatsächlich zu glauben, dass dieser Abgrund dem entspricht, wer und was man ist.

Denken Sie an all die homosexuellen Männer und Frauen, die einen andersgeschlechtlichen Partner heiraten, weil sie ihre sexuelle Orientierung für »sündig« halten, und dann ihr Leben in Scham und Angst davor verbringen, andere könnten ihre Homosexualität herausbekommen. Denken Sie an die Erwachsenen, die Kinder als Strafe für deren »Sünden« misshandeln. Denken Sie an die Millionen Opfer von Kriegen, die ausgefochten wurden, weil ein anderes Land oder eine andere Kultur als »sündig« diskreditiert wurde.

Lehren über die Sünde führen manchmal zu Barmherzigkeit und Mitgefühl, aber sie können auch ein tiefes Misstrauen gegenüber Gott, sich selbst und der Welt bewirken. Möglicherweise fühlt man sich in der Folge einsam, zynisch und führungslos, weil man sich ständig fragt, ob man es verdient hat, geliebt zu werden. Und selbst inmitten der Liebe ist man unfähig, sie an sich heranzulassen.

Also tun Sie etwas ganz Einfaches: Tauschen Sie das Wort »Sünde« gegen das Wort »Angst« aus. Sagen Sie beispielsweise statt »Ich bin sündig.« den Satz »Ich habe Angst.«. Formulieren Sie die Aussage »Der Todesschütze in der Schule ist sündig.« um in »Er wurde von Angst überwältigt.«. Und wählen Sie statt »Diese Welt ist sündig.« die Formulierung: »Diese Welt nährt unsere Angst.«. Diese andere Wortwahl spiegelt die Tatsache wider, dass wir nicht gebrochen sind, sondern einfach vergessen haben, wer und was wir sind.

Wenn Sie sich daran erinnern, werden Sie wahrscheinlich das tiefe Gefühl empfinden, nach Hause zu kommen. Sie sind möglicherweise eine Zeit lang einem einsamen Pfad gefolgt, aber jetzt können Sie dem inneren Licht vertrauen, das Sie willkommen heißt.

* * *

Uns ist der Glaube antrainiert worden, dass wir selbstgefällig sind, wenn wir unsere Gaben und unsere Herrlichkeit geltend machen. Aber wenn man weiß, dass man das Licht der Welt ist, heißt das nicht, dass man ein Angeber ist oder sich selbst für wichtiger oder außergewöhnlicher hält als andere. Es ist ein großer Unterschied, ob man »Ich bin wichtiger als alle anderen.« sagt oder »Ich bin wichtig, weil ich ein Kind Gottes bin – und alle anderen sind das ebenfalls.«. Letzteres ist keine Arroganz. In *Ein Kurs in Wundern* liest man folgerichtig, dass genau das Gegenteil zutrifft. Wenn uns Gott zum Licht der Welt gemacht hat, wer sind wir dann, seine Schöpfung zu verleugnen?

*»Wenn uns Gott zum Licht
der Welt gemacht hat,
wer sind wir dann, seine
Schöpfung zu verleugnen?«*

Was also müssen wir tun, um das Licht zu sein? Nichts. Wie es in *Ein Kurs in Wundern* heißt, gibt es nichts, was Sie tun, sagen oder beweisen müssten, um das Licht zu sein, das Sie sind. Es gibt keine Tests, kein Training, keine Beurkundung. Sie müssen es nicht erreichen oder es sich herbeifantasieren, weil Sie einfach aufgrund Ihres Seins das Licht sind.

Stellen Sie sich eine majestätische Eiche in der Mitte eines Parks vor. Kinder kommen herbeigelaufen und setzen sich unter den Schutz und den Schatten ihrer Blätter. Familien fotografieren sie, weil sie ihre Schönheit bewundern. Paare sprechen darüber, wie sehr sie diese Eiche für all die Freude lieben, die sie in ihr Leben bringt.

Tut die Eiche irgendetwas? Nein, sie steht einfach da, tief in der Erde verwurzelt, und ist der Baum, der sie ist. Und indem sie andere an den ihr eigenen Gaben teilhaben lässt, lädt sie sie ein, zu ihr zu kommen und Liebe zu erfahren.

Das ist die perfekte Metapher für das Licht, das Sie sind. Sie brauchen nicht recht zu haben, sie müssen nicht der oder die Beste sein. Sie müssen nichts weiter tun, als in ihrer Herrlichkeit als ein Kind Gottes dazustehen. Wie sich denken lässt, hat dies die Kraft, alles in Ihren Beziehungen und Ihrem Umgang mit anderen – und mit sich selbst – zu verändern.

Wenn Sie auf das Licht, das Sie sind, Anspruch erheben, hilft es Ihnen, sich selbst ernsthaft folgende Fragen zu stellen:

- Versuche ich, andere zu erfreuen, damit sie mich mögen?
- Gehe ich Gesprächen aus dem Weg, weil mich jemand aburteilen könnte oder ich den Eindruck habe, dass meine Meinung keine Beachtung findet?

- Stelle ich meinen Wert infrage, oder bemühe ich mich zu sehr, mich zu beweisen?
- Übersehe ich die Geschenke in meinem Leben? Nehme ich sie als selbstverständlich hin? Sabotiere oder missachte ich sie, weil ich nach der nächsten Sache Ausschau halte, die mich glücklich machen kann?
- Gebe ich jemand anderem die Schuld für meine Probleme?
- Verurteile ich andere, weil sie anders aussehen oder sich auf eine für mich fremdartige Weise verhalten?

Wenn Sie einige oder alle diese Fragen mit Ja beantworten – und ich vermute, dass das bei allen von uns der Fall ist –, dann ist das ein Hinweis darauf, dass Sie das Licht, das Sie sind, vergessen haben. Das bedeutet nicht, dass Sie »versagt« haben. Sie müssen sich nur einen Moment Zeit nehmen und sich erneut daran erinnern, was Sie sind.

Halten Sie daher jedes Mal inne, wenn Sie derartige Gedanken und Handlungen bei sich bemerken, und tun Sie dann etwas Einfaches: Stellen Sie sich dreißig Sekunden lang in einer erhabenen Pose hin – die Füße fest auf dem Boden, die Schultern entspannt, die Hände mit den Handflächen nach oben ausgestreckt. Bitten Sie nun darum, dass das Licht durch Sie hindurchströmen und dorthin geleitet werden möge, wohin es fließen muss.

Lassen Sie sich selbst die Eiche sein, die nichts beweisen muss. Und danken Sie, während Sie sich daran erinnern, wer Sie sind, für das nie verlöschende Licht in Ihnen.

* * *

Sie benötigen zwar nichts, um das Licht zu *sein*, aber hier sind vier Schritte, die Ihnen dabei helfen werden, sich an das Licht zu *erinnern*, das Sie sind:

Achten Sie darauf, was Sie zu sich selbst sagen. Verpflichten Sie sich, jeden Tag etwas Liebevolles zu sich zu sagen. Verstärken Sie im Laufe der Tage Ihre an sich selbst gerichteten Komplimente, damit Sie Ihr inneres Licht regelmäßig sehen und würdigen. Zunächst werden Sie die Schmeicheleien nicht glauben, und das ist in Ordnung. Aber machen Sie damit weiter, bis es sich natürlicher anfühlt und Sie problemloser imstande sind, die Wahrheit für sich in Anspruch zu nehmen.

Verbringen Sie jeden Tag Zeit in Ihrem Herzen. Nirgendwo lässt sich Ihr Licht einfacher erfahren als in Ihrem mitfühlenden Herzen. Verbringen Sie jeden Tag Zeit damit, für die empfangenen Segnungen zu danken; den Menschen, an denen Ihnen liegt, Liebe zu schicken; und die Kraft, die größer ist als Sie, darum zu bitten, in Ihrem Namen die Liebe in der ganzen Welt auszubreiten. Je mehr Sie das Licht in sich spüren, desto mehr werden Sie darauf vertrauen, dass dies Ihre wahre Natur ist.

Bringen Sie mehr Schönheit in Ihr Leben. Konzentrieren Sie sich, sobald Sie Frustration, Wut, Angst, Scham oder Schuldgefühle zu empfinden beginnen, auf etwas Schönes. Kaufen Sie sich einen Blumenstrauß, oder verbringen Sie den Tag in einem Kunstmuseum. Das mag unpassend erscheinen, aber es ist ein erstes Training für Sie, das Licht statt der Dunkelheit zu sehen. Schönheit ist überschäumend. Sie richtet Sie auf und stellt Ihren Blick auf etwas wieder her, das Sie wertschätzen. Das wiederum hilft Ihnen, sich an Ihren inneren Wert zu erinnern.

Stellen Sie sich das Licht vor, das in Ihnen brennt. Richten Sie Ihr inneres Auge auf einen Punkt direkt über Ihrem Nabel, und sehen Sie das Licht als Kerze, Lampe oder offene Flamme. Stellen Sie sich den Schein vor, den das Licht kreisförmig um Sie herum ausstrahlt. Sehen Sie, wie das Licht und damit auch sein kreisförmiger Lichtschein heller wird. Malen Sie sich aus, wie der Lichtschein jeden um Sie herum berührt. Frage Sie sich, wie Sie sich bei dieser Vorstellung fühlen. Machen Sie sich bewusst, dass jeder Friede oder Segen, den Sie empfinden, real ist, und dass, da Ihr Licht andere segnet, auch Sie gesegnet sind, weil Sie sich an das Licht erinnern, das Sie sind.

* * *

Wie sieht es im realen Leben aus, wenn man weiß, dass man das Licht ist? Hier sind drei Beispiele:

1. Ihr Mann hatte einen schlechten Tag und kommt übellaunig nach Hause. Er wird nie gewalttätig, aber kürzlich übertrug sich seine am Arbeitsplatz erlittene Frustration auf die Unterhaltung beim Abendessen, und er hat Sie und die Kinder angeschnauzt, ohne sich anschließend dafür zu entschuldigen oder auch nur zu bemerken, wie sehr er alle mit seinem Verhalten belastet hat.

Ohne das Bewusstsein, dass Sie das Licht der Welt sind, würden Sie vielleicht zurückblaffen oder seine negative

Stimmung in sich aufnehmen. Möglicherweise würden Sie auch Ihre Beziehung infrage stellen und sich sagen: »Vielleicht ist das meine Schuld. Vielleicht liebt er mich nicht mehr. Möglicherweise hat er eine Affäre.« Mit anderen Worten: Sie würden schließlich an sich zweifeln und sich selbst kleinmachen. Wenn Sie nicht auf Ihren Wert als das Licht der Welt beharren, besteht leicht die Gefahr, dass Sie die Dinge persönlich nehmen und es zulassen, dass Sie durcheinandergebracht – und möglicherweise beleidigt oder gequält – werden.

Wenn Sie selbst sich als Licht der Welt betrachten, können Sie erkennen, dass der beste Weg, Ihr Licht zu verbreiten, darin besteht, in gleichem Maße mit sich selbst Mitgefühl zu haben wie mit anderen. In diesem Beispiel könnten Sie Ihr Mitgefühl mit Ihrem Mann mit folgenden Worten zum Ausdruck bringen: »Es macht den Eindruck, dass die Dinge bei deiner Arbeit in letzter Zeit schwierig sind. Lass es mich wissen, wenn du darüber sprechen möchtest.« Und das Mitgefühl mit sich selbst könnten Sie so in Worte fassen: »Es tut mir leid, dass du momentan eine schwierige Zeit durchmachst, aber es ist nicht hinnehmbar, dass du das an mir oder den Kindern auslässt. Aber ich danke dir, dass du alles tust, was du tun musst, um die Situation zu verbessern. Ich weiß, du willst das Richtige für uns alle tun.«

Sie übernehmen nicht die Verantwortung für die Gefühle Ihres Mannes, und Sie werden nicht von ihnen mitgerissen. Sie machen aus der Situation nicht mehr, als sie ist, und nehmen sie nicht persönlich oder stellen Mutmaßungen darüber an, was nicht stimmt. Sie stehen einfach in Ihrem Licht, bekräftigen Ihren eigenen inneren Frieden und erlauben es sich, zu leuchten.

2. Sie gehen auf einen Kunsthandwerkermarkt und besuchen die Stände örtlicher Kunsthandwerker. Sie fühlen sich besonders zu den ausgestellten Fotografien hingezogen, weil Sie davon träumen, irgendwann ins Fotografiegeschäft einzusteigen. Seit Ihrer Kindheit haben Sie sich vorgestellt, einmal ein eigenes Fotostudio zu haben.

Ohne das Wissen, dass Sie das Licht der Welt sind, werden Sie möglicherweise den Wert Ihres Traums abtun. »Ich könnte nie mit den anderen mithalten.«, würden Sie sich vielleicht sagen. »Eine professionelle Fotografin zu sein, ist nur ein Hirngespinst. Ich hänge meinen Beruf besser nicht an den Nagel.« Dann gehen Sie niedergeschlagen von dem Kunsthandwerkermarkt nach Hause und bemühen sich, nicht traurig zu sein.

Aber wenn Sie wissen, dass Sie das Licht der Welt sind, können Sie darauf vertrauen, dass Ihre Arbeit wertvoll ist und Ihr Kindheitstraum einen Zweck hat. Als Folge davon sprechen Sie mit einigen der Fotografen auf dem Markt und fragen sie, wie sie angefangen haben. Sie können spüren, wie sich Freude in Ihnen regt – vor allem, wenn Sie einer der Fotografen zum nächsten örtlichen Fotoklubtreffen einlädt. Und Sie gehen mit einer Wahrnehmung der bestehenden Möglichkeiten und der denkbaren nächsten Schritte nach Hause. Indem Sie um Hilfe bitten und darauf vertrauen, dass Sie eine göttliche Unterstützung erhalten werden, stärken Sie Ihr angeborenes inneres Licht und geben ihm die Freiheit, zu leuchten.

3. Sie sehen auf der Straße einen Obdachlosen mit schmutziger Kleidung, fettigen Haaren und fehlenden Zähnen. Ohne das Bewusstsein, dass Sie das Licht der Welt sind, blicken Sie vielleicht voller Hohn und Tadel auf jene Person. In Gedanken sagen Sie möglicherweise: »Du bist ein Schandfleck in der Gesellschaft. Warum besorgst du dir nicht eine Arbeit?«

Aber wenn Sie wissen, dass Sie das Licht der Welt sind, können Sie den Obdachlosen betrachten und bemerken, dass auch in ihm ein Licht brennt. Dann denken Sie vielleicht: »Ich sehe die Wahrheit in dir. Wie deine Lebensumstände auch sein mögen, du bist das Licht, als das du geschaffen wurdest.«

Selbst wenn keine Worte gesprochen wurden, wird Ihre Anerkennung Sie ebenso wie den Obdachlosen berühren. Vertrauen Sie der hierin liegenden Wahrheit. Licht erblickt Licht, und jede Ihrer Erinnerungen an das Licht vergrößert die Möglichkeiten für andere.

* * *

Das Licht zu sein bedeutet:

- Sie haben eine Bestimmung, die nichts mit Ihrer Arbeit oder den vielen Rollen, die Sie in Ihrem Leben spielen, zu tun hat.
- Sie sind bereit, viele Ihrer alten Überzeugungen umzukrempeln und auf den Kopf zu stellen und aus einer anderen Perspektive zu betrachten.
- Sie sind nicht allein, weil Sie mit etwas verbunden sind, das größer ist als Sie selbst.
- Mitgefühl, Freundlichkeit, Überfluss und Wohlergehen sind Ihr natürlicher Zustand. Daher müssen Sie nichts tun, um sie zu erwerben oder sich zu verdienen.
- Sie müssen niemandem Ihren Wert beweisen, weil Ihr Wert ein angeborener Seinszustand ist.

- Wenn Sie Ihr Licht mit dem Licht anderer verbinden, können mit weniger Anstrengung kraftvolle und erstaunliche Dinge erreicht werden.
- Sie sind kein Opfer in einem zufälligen Universum.
- Ebenso wie Sie sind alle anderen auf der Erde mehr als ihre Körper, Meinungen und Lebensumstände.
- Sie fühlen sich kraftvoll und unterstützt. Ihr Herz öffnet sich, und Sie fühlen sich teilnahmsvoller und weniger reserviert.
- Sie werden sich der Möglichkeiten bewusst, andere jeden Tag glücklich zu machen. Sie lassen sich als Instrument des Guten verwenden, denn Sie wissen, dass Ihr Licht das Licht in anderen nur größer werden lassen kann.
- Wenn Sie Antworten und Unterstützung benötigen, vertrauen Sie darauf, dass Sie eine Orientierungshilfe erhalten, indem Sie sich nach innen wenden.
- Sie verkörpern die vollendete Stärke und Unverletzbarkeit und wissen, dass die in einem ständigen Wandel befindliche Außenwelt die unerschütterliche Stärke Ihres Wesenskerns nicht antasten kann.
- Das Licht, das Sie sind, offenbart sich in Ihrer Verbindung zum Heiligen Geist. Jedes Mal, wenn Sie die höhere Macht bitten, Ihre Gedanken, Worte und Handlungen zu lenken, bringen Sie mehr Licht in die Welt.

Wie sehr Sie Ihr inneres Licht auch vergessen oder leugnen mögen – dieses Licht erlöscht nie. Der Weg zum Frieden ist immer nur eine Erinnerung weit entfernt.

* * *

Erinnern Sie sich vor allem hieran: Was auch immer Ihnen widerfahren mag, welche Entscheidungen Sie auch getroffen haben, wie alt, gebildet, vermögend, gesund oder glücklich Sie auch sein mögen – Sie sind das Licht. Ausnahmslos.

Wenn Sie im Gefängnis sitzen und dies lesen, dann sollten Sie wissen, dass Sie das Licht sind. Wenn Sie gerade Ihre Kinder angeschrien und ihnen einen Monat lang Hausarrest verordnet haben, dann sollten Sie wissen, dass Sie das Licht sind. Wenn Sie sich einsam fühlen, sind Sie noch immer das Licht. Und auch wenn Ihr Ex-Ehepartner gerade neu geheiratet hat und der gesamte Scheidungsschmerz erneut in Ihnen aufgestiegen ist, sind Sie noch immer das Licht.

Wenn Sie an einer chronischen oder lebensbedrohlichen Krankheit leiden, sind Sie noch immer das Licht. Wenn Sie alkohol- oder drogenabhängig, ess- oder sexsüchtig sind, sollten Sie wissen, dass Sie das Licht sind. Wenn Sie Steuern hinterzogen haben, sich zum besten Freund Ihres Mannes hingezogen fühlen, seit Jahren nicht mehr in der Kirche waren oder sich einfach mit einem Teller Nachos vollgestopft haben, sind Sie noch immer das Licht.

Das Vergessen der Tatsache, dass Sie das Licht sind, hat Sie unzweifelhaft dahin gebracht, wo Sie sich jetzt befinden. Darin besteht Ihr einziges wirkliches Problem. Es liegt nicht darin, dass Sie sündig oder böse oder gebrochen sind oder nicht über genügend Willenskraft verfügen. Sie haben einfach die Wahrheit vergessen oder an etwas anderes als an die Wahrheit geglaubt. Sie müssen nicht gerettet werden. Sie müssen sich einfach nur daran erinnern, was Sie sind.

Wenn Sie Ihr Licht mit dem gezielten Gebrauch Ihres Bewusstseins verbinden, machen Sie einen riesigen Schritt hin zum Frieden.

Und wie mächtig ist dieses Bewusstsein?

Ah, eine hervorragende Frage. Sie bringt uns zur nächsten Grundregel.

2.

Setzen Sie die Macht Ihres Bewusstseins ein

Sobald Sie wissen und begreifen, dass Sie das Licht sind, erfassen Sie die Macht Ihres Bewusstseins besser und können sie sich auf eine förderliche Weise zunutze machen.

Wir erleben die kreative Kraft des Bewusstseins, wenn wir ein Unternehmen gründen, ein Badezimmer neu gestalten, ein Gedicht schreiben oder es uns gelingt, die Kleidung für eine ganze Woche in einen winzigen Kabinentrolley zu packen. Sie setzen sie jeden Tag ein, um Ihre Wünsche zu verwirklichen und mit der Welt zu kommunizieren – selbst wenn Sie dabei auf die Hilfe eines zehnjährigen Kindes angewiesen sind, um mit Ihrem Smartphone klarzukommen.

Aber wie gut kennen Sie Ihr Bewusstsein wirklich? Wie erfahren sind Sie damit, es einzusetzen, um das zu bewirken, was Sie bewirken wollen, und nichts anderes? Wie sehr würdigen Sie es als das wunderbarste Instrument, das Sie je haben werden, um Ihr Licht in die Welt strahlen zu lassen? Herrschen Sie über Ihr Bewusstsein oder lassen Sie sich von ihm beherrschen?

* * *

Damit Sie die kreative Kraft Ihres Bewusstseins verstehen und begreifen, wie Sie sich von ihm helfen lassen können, Ihr Licht in die Welt zu tragen, müssen wir mit einer Grunderkenntnis beginnen: Wir sind alle zwiegespalten.

Intuitiv haben wir das stets gewusst. Unsere innere Spaltung wird dargestellt in dem Bild, das uns mit einem Engel auf der einen Schulter – unser Gewissen – und einem Teufel auf der anderen – unsere mutwillige oder »böse« Seite – zeigt.

Aber diese beiden Seiten sind nicht von uns zu trennen. Sie sind ebenso ein Teil von uns wie unser großer Zeh oder unser schlagendes Herz. Im Laufe der Zeit haben sie vielerlei Bezeichnungen erhalten, aber im Zusammenhang mit diesem Buch nenne ich sie das niedere Bewusstsein oder das Ego einerseits und das höhere Bewusstsein oder das höhere Selbst andererseits.

Am leichtesten lassen sich Ego und höheres Selbst folgendermaßen unterscheiden: Ersteres gründet auf Angst, Zweiteres auf Liebe und Licht.

Das Ego fühlt sich schuldig und einsam. Es betrachtet alle als voneinander abgeschnittenen Personen und ist von einem immerwährenden Kreislauf aus Angriff und Verteidigung in Anspruch genommen. Das höhere Selbst hingegen weiß, dass es mit der Quelle verbunden ist und dass uns nichts von der Liebe Gottes, unserem Selbst und von unseren Mitmenschen trennen kann.

Durch Unsicherheiten, Selbstzweifel sowie Schuld- und Schamgefühle verbirgt das Ego vor uns die Wahrheit, dass wir das Licht der Welt sind. Unser niederes Bewusstsein ist der Teil von uns, der glaubt, dass wir gebrochen und keinesfalls heil sind.

Das höhere Selbst, unser wahres Selbst, weiß, dass wir ein Licht in uns tragen, das niemals erlischt. Es lässt sich von der globalen Politik, von familiären Zänkereien, täglichen Dramen oder Unglückstagen nicht beeinflussen.

Das Ego sucht die Umgebung ständig nach Beziehungen, Anerkennung und Chancen ab.

Unser höheres Selbst hingegen weiß, dass wir uns nie auf die Suche nach Liebe, Erfolg, Überfluss oder Freude begeben müssen, sondern all dies *sind*. Alles das durchströmt uns bereits als das Licht, das wir sind.

Es ist unbedingt notwendig, zu begreifen, dass *wir alle* diesen Zwiespalt in uns tragen. Er ist Teil unserer Existenz als menschliche Wesen. Wir alle drücken Liebe aus und zeigen Angst.

Manche Menschen sind so tief in ihrer Angst verwurzelt, dass sie gegenüber anderen gewalttätig werden. Oder sie gründen auf dem, was man als böse Absicht bezeichnet, Reiche. Aber sie sind nicht von Natur aus böse. Sie setzen einfach ihr Ego ein, um jede Erinnerung an und jede Anerkenntnis des inneren Lichts auszulöschen, weil sie glauben, dadurch mächtiger zu werden. Natürlich gewinnt am Ende immer das Licht, weil es fortdauert, während alles, was auf Angst aufbaut, letztlich vergeht.

Je mehr Sie anerkennen, wer Sie als das Licht sind, und sich von Ihrem höheren Bewusstsein leiten lassen, desto weniger müssen Sie sich auf Ihr angstbasiertes niederes

Bewusstsein stützen, um Ihre äußeren Verhältnisse zu beherrschen.

Wenn Sie diese Zusammenhänge begreifen, schieben Sie die Verantwortung für Ihre Gedanken nicht mehr länger auf irgendeinen Teufel, der sie in Ihnen hat entstehen lassen, oder auf eine vermeintlich in Ihrer DNA verankerte Sündhaftigkeit. Sie erkennen, dass alles Schmerzliche von Ihrem angsterfüllten Ego kommt, und alles Liebevolle von Ihrem höheren Selbst. Sie verstehen, dass nur das, was von der Liebe kommt, real ist. Der Rest ist einfach in einer falschen Vorstellung von Ihnen selbst verwurzelt.

Und in jedem einzelnen Augenblick an jedem einzelnen Tag können Sie wählen, welche der beiden Seiten Ihres Bewusstseins den größten Nutzen für Sie und die Welt bietet. Es ist nicht schwer für Sie, die Entscheidung zu treffen. Aber es erfordert Übung und Wachsamkeit von Ihnen, der getroffenen Entscheidung gemäß zu leben, weil Ihr Ego stets darauf beharren wird, dass nur es selbst die richtige Wahl sein kann, und die Welt wird Ihrer Stimme der Angst ihre eigene hinzufügen.

Die gute Nachricht lautet: Obwohl Ihr Ego laut und hartnäckig ist, verfügt Ihr höheres Selbst über ewige Geduld. Es gleicht Eltern, die Ihrem Kleinkind zusehen, wie es im Kreis herumläuft, und dabei wissen, dass es sich schließlich selbst erschöpft hat und sich dann wieder ruhig in seinem wahren Selbst niederlässt. Denn nichts – selbst Ihr Ego nicht – kann auf Dauer das Licht, das Sie sind, beeinträchtigen oder verbergen.

Lassen Sie uns einen Blick auf einige grundlegende Bestandteile dieses Prinzips werfen:

Sie sind fähig, sich den Ursprung Ihrer Gedanken bewusst zu machen. Sobald Sie das tun, fällt es Ihnen nicht mehr schwer, zu entscheiden, ob Sie sich von Ihrem Ego oder von Ihrem höheren Selbst leiten lassen sollen.

Achten Sie als Erstes darauf, wie sich Ihr Körper anfühlt. Wenn er schwer oder belastet, gestresst, angestrengt oder angeschlagen wirkt, spüren Sie vermutlich die Auswirkungen von auf Angst basierenden Gedanken. Wenn Sie sich hingegen leicht und glücklich, entspannt und voller Frieden fühlen, profitieren Sie wahrscheinlich von den Auswirkungen Ihrer guten Verbindung mit Ihrem höheren Selbst.

Fragen Sie sich als Zweites, ob sich Ihre Gedanken auf die Vergangenheit oder auf die Zukunft richten. Wenn Sie vergangenheitsbezogen denken, durchleben Sie möglicherweise Schuld, Scham, Reue oder eine Frustration über etwas, das Sie getan haben oder wofür eine andere Person verantwortlich ist. Wenn Sie dagegen zukunftsbezogen denken, erleben Sie vielleicht Angst oder Besorgnis hinsichtlich eines möglichen Ereignisses oder Ergebnisses, das sich scheinbar Ihrer Kontrolle entzieht wie etwa Gesundheits- oder Geldprobleme. Solche Gedanken haben ihren Ursprung in der Angst.

Werfen Sie als Drittes einen Blick darauf, ob Ihre Gedanken zur Lösung und zu Frieden führen oder zu Wut und Frustration. Sind Ihre Gedanken lebensbejahend, oder sind sie schmerzlich? Empfinden Sie Zweifel oder Vertrauen? Spiegeln Ihre Gedanken ein Bemühen um das höchste Wohl aller wider? Oder sind sie in der Angst gegründet, dass ein anderer »gewinnen« könnte?

Letztlich besteht der einfachste Weg, um den Unterschied zwischen den beiden Bewusstseinsarten festzustellen, darin, sich folgende Frage zu beantworten: <u>Machen mich meine Gedanken froh und schenken mir Frieden</u>, oder wühlen sie <u>mich auf und bedrücken mich?</u> Sie brauchen nicht über Ihre eigenen Gedanken nachzugrübeln. Wenn Sie das tun, können Sie sicher sein, dass Ihr Ego daran beteiligt ist.

»Verschieben Sie Ihre Wahrnehmung hin zu Ihrem höheren Bewusstsein, und spüren Sie, wie es von unendlicher Liebe durchströmt wird.«

Sie sind kein Opfer Ihres Bewusstseins. Wir können unseren Taillenumfang reduzieren, unsere Muskeln aufbauen und unsere Gesundheit verbessern. Aber wenn es um unser Bewusstsein geht, akzeptieren wir oft unhinterfragt unsere auf Angst basierenden Gedanken und ziehen nie die Möglichkeit in Betracht, dass Angst lediglich *eine* Option ist.

Die andere Option ist natürlich Ihr höheres Bewusstsein. Es ist das kraftvollste Instrument, über das Sie verfügen, denn es wird durch den Heiligen Geist angetrieben. Wenn Sie Ihr Bewusstsein mit Licht und Liebe verbünden, dann denken, sprechen und handeln Sie aus dem Licht statt aus dem Drama oder der Unsicherheit heraus. Das ist es, was »rechte Gesinnung« bedeutet, und sie steht in krassem Gegensatz zum Ego-Bewusstsein.

Wenn Sie mit Ihrem auf Angst basierenden Bewusstsein denken, könnten Ihre Gedanken etwa so lauten:

- »Das wäre einfach mein Glück.«
- »Wieso läuft es für alle anderen immer gut, aber nicht für mich?«
- »Man kann sich auf niemanden mehr verlassen.«
- »Irgendwie muss ich das durchschauen.«
- »Lass mich das unter Kontrolle bringen.«

Eine Begegnung, die ich einmal mit einem Fremden in einem Baumarkt hatte, verdeutlicht diese Art von Denken. Ich wartete auf meinen Mann und vertrieb mir die Zeit währenddessen damit, die Regale mit den Sonderangeboten zu durchstöbern. Ein Mann in meiner Nähe murmelte etwas vor sich hin, und so blickte ich zu ihm hinüber.

46

»Ich war letzte Woche hier und habe vier Beutel mit Gummibändern für neunundvierzig Cent pro Packung bekommen«, sagte er. »Jetzt kosten sie 1,19 Dollar die Packung.« Er ging kopfschüttelnd weg und sagte dabei: »Ich habe einfach kein Glück.«

Offenbar hatte er vergessen, dass er in der vorigen Woche durchaus Glück gehabt hatte, als er vier Beutel für einen Superschnäppchenpreis ergattern konnte. Aber sein Ego war in Alarmbereitschaft, um die Welt jederzeit dabei zu erwischen, wenn sie ihn übervorteilte.

Habe ich selbst schon häufiger, als ich es begreifen kann, das Gleiche getan? Allerdings. Wir alle tun das, weil unsere Egos uns dazu bringen. Und hat das irgendetwas mit Gummibändern zu tun? Nein. Es geht einfach nur darum, dass das Ego stets auf der Suche nach einem neuerlichen Anlass ist, um sagen zu können: »Siehst du? Die Dinge laufen nie günstig für dich. Du bist schon wieder übers Ohr gehauen worden.«

Warum dulden wir solchen geistigen Ballast, wo wir doch von dem produktiven, leistungsfähigen Teil unseres Geistes Gebrauch machen könnten? Der Grund liegt darin, dass wir das Licht vergessen haben, das wir sind. Wenn wir auf unser höheres Bewusstsein umschalten, erinnern wir uns an die Freude bringende Flamme in unserem Inneren.

Ihr Bewusstsein ist mit dem Bewusstsein aller verbunden. Auch wenn wir mit unseren eigenen spezifischen Gaben und Persönlichkeiten in eigenen Körpern leben, sind wir keine eigenständigen Wesen, die sich von anderen grundlegend unterscheiden. Wir sind miteinander vereint, weil wir von derselben Quelle geschaffen wurden und weil jeder an sie angeschlossen ist. Als das Licht sind wir alle mit Gott, uns selbst und miteinander verbunden. Liebe und Licht lassen sich nicht aufspalten.

Was zu denken Sie sich entscheiden, wirkt sich daher nicht nur auf *Sie*, sondern auf *jeden* aus. Aus diesem Grund müssen wir bedacht und achtsam mit dem sein, was wir denken, weil wir, je nachdem, welchen Teil unseres Bewusstseins wir einsetzen, beständig entweder die Angst vermehren oder die Liebe vergrößern.

Das ist nichts, was Sie in Ihrem Leben ausblenden oder über das Sie hinwegsehen können. Genau hier liegt der Unterschied zwischen einem gut gelebten Leben und einem, das vergeudet oder untätig verbracht wurde.

Was auch immer auf der Welt geschehen mag – wir müssen erkennen, dass wir alle durch unsere bewusstseinsbedingten Gedanken unseren Teil dazu beitragen. Statt beim Blick auf die Kriege in dieser Welt verzweifelt den Kopf zu schütteln, können wir auf sie sehen und uns eingestehen: »Ich habe mit der Wut in meinem eigenen Bewusstsein zu ihnen beigetragen.« Und wenn wir eine freundliche Handlung beobachten, können wir sagen: »Ich habe mit den liebevollen Gedanken in meinem eigenen Bewusstsein zu ihr beigetragen.« Und wenn ein Schulmassaker passiert? »Wir alle haben das getan.« Und was ist bei einem Waffenstillstand? »Wir alle haben ihn bewirkt.«

Betrachten Sie es als vollendetes Recyclingprogramm. Wollen Sie, dass Ihre Gedanken Müll auf eine Deponie werfen? Oder sollen sie lieber zu einer nützlichen neuen Erfindung beitragen, welche die Welt voranbringt? Wohin auch immer Sie Ihr Bewusstsein lenken: Ihre Taten folgen ihm. Wenn Sie also für sich selbst und für die Welt etwas anderes tun wollen, müssen Sie zuerst etwas anderes denken.

Ihr höheres Bewusstsein ist unendlich. Ihr niederes Bewusstsein mag ebenfalls unendlich erscheinen, aber tatsächlich ist es durch seine eigenen Grenzen der Angst und durch die menschliche Erfahrung begrenzt. Das höhere Bewusstsein hingegen ist kraftvoll, weil es sich aus den gewaltigen Ressourcen der spirituellen Verbindung speist, die jenseits unserer menschlichen Möglichkeiten liegt. Wenn Sie mit dem höheren Bewusstsein denken und etwas erschaffen, denken und erschaffen Sie es mit dem göttlichen Bewusstsein.

Wir sind möglicherweise nicht imstande, die Unendlichkeit vollständig zu erfassen, weil wir uns einfach keine Existenz ohne Raum und Zeit vorstellen können. Aber unsere Seelen kennen die Unendlichkeit, und die Natur erinnert uns jeden Tag an sie.

Blicken Sie zum Horizont oder in den Nachthimmel, und Sie sehen die Unendlichkeit. Betrachten Sie das Meer, und sie haben eine unendliche Zahl an Wassertropfen vor sich. Stellen Sie sich die Luft vor, die Sie jeden Tag atmen, und denken Sie an die unendliche Zahl von Sauerstoffmolekülen, die das Leben in Ihrem Körper aufrechterhalten.

Die Unendlichkeit, die wir in der Außenwelt erfahren, existiert auch in unserem höheren Bewusstsein. Wenn wir uns dieser Tatsache stärker gewahr werden, kann uns das helfen, unser höheres Bewusstsein wirkungsvoller einzusetzen.

Wenn Ihr höheres Bewusstsein die Fähigkeit zu grenzenloser Liebe aufweist, wie viel Sinn macht es dann, wenn Sie jemandem grollen und die Unendlichkeit durch Ihre Verstimmtheit blockieren?

Wenn Ihr höheres Bewusstsein über unendliche kreative Kraft verfügt, warum sollten Sie es dann auf die Furche alter Muster und Vorstellungen beschränken?

Wenn Ihr höheres Bewusstsein eine Leitung für unbegrenzte Wertschätzung ist, warum sollten Sie sich dann auf Mangel statt auf Fülle konzentrieren?

Sobald Sie Ihr höheres Bewusstsein in jeder Situation einsetzen, befreien Sie sich aus der Begrenztheit eines auf Angst basierenden Denkens und machen sich ein Licht zunutze, das keine Beschränkungen kennt.

* * *

Was können Sie tun, um damit anzufangen, Ihr höheres Bewusstsein häufiger und Ihr niederes Bewusstsein seltener einzusetzen?

Blicken Sie intensiv in Ihr Inneres, und sehen Sie dort die unermessliche Weite. Weil unser Gehirn in unserem Körper eingeschlossen ist, begrenzen wir manchmal seine Leistungsmöglichkeiten. Aber wenn Sie wissen, dass Ihr höheres Bewusstsein an eine unerschöpfliche Quelle kreativer Kraft angeschlossen ist, die weit über den Körper hinausgeht, erkennen Sie, dass es praktisch keine Grenze gibt.

Wollen Sie zu einem anderen Teil des Planeten oder des Universums reisen? Stellen Sie sich diesen Ort einfach in Ihrem Geist vor, und schon sind Sie dort. Wollen Sie in einer friedlichen Welt leben? Sehen und fühlen Sie sie, und ihre Erschaffung ist in die Wege geleitet. Wollen Sie ein neues medizinisches Verfahren entwickeln? Bitten Sie den göttlichen Geist um ein Herunterladen der entsprechenden Information, damit Sie, wenn Sie loslegen, an den Ausgangspunkt gebracht und dann geführt werden. Wenn Sie Ihr höheres Bewusstsein mit der Fülle Ihrer Quelle in Einklang bringen, ist nichts unerreichbar für Sie. Also verbringen Sie täglich etwas Zeit mit Tagträumereien, und erleben Sie, wohin Ihr Geist Sie führt.

Verlagern Sie Ihre Wahrnehmung auf Ihr höheres Bewusstsein, und spüren Sie, wie es von unendlicher Liebe durchflossen wird. Dehnen Sie diese Liebe absichtsvoll auf alle und jeden aus, denen gegenüber Sie vielleicht Groll hegen (und das schließt Sie selbst mit ein). Spüren Sie, wie jeder Ärger und jeder Schmerz in der Gegenwart Ihrer Liebe abflaut und sich auflöst.

Befreien Sie sich von den beschränkenden Überzeugungen der Welt. Nehmen Sie ein Blatt Papier, und listen Sie so viele Mythen auf, wie Sie können – Botschaften, die Sie darin einschränken, wer Sie sind und was Ihnen möglich ist. Beispielsweise:

- Die Chancen, dass Frauen über vierzig noch einen Ehemann finden, sind so groß wie die Wahrscheinlichkeit, dass sie vom Blitz getroffen werden.
- Sie sind zu alt, um noch einmal die Schulbank zu drücken.
- Wenn Sie sich bis fünfzig kein entsprechendes finanzielles Polster geschaffen haben, werden Sie nie in den Ruhestand treten können.
- Mütter, die ihre Hauptaufgabe darin sehen, ihre Kinder von A nach B zu fahren, können nicht sexy sein.
- Ein Unglück kommt selten allein.

Sie wissen, was gemeint ist. Wir nehmen solche Botschaften aus unserem Umfeld auf. Nachdem Sie so viele Mythen wie möglich aufgeschrieben haben, streichen Sie jeden Mythos durch und ersetzen ihn durch eine Aussage, die für *Sie* zutrifft.

Verbringen Sie jeden Morgen zwanzig Minuten lang damit, zu Ihrem höheren Selbst zu gelangen, bevor Sie das Haus verlassen. Setzen Sie Gebete, Meditation und Dankbarkeit ein – sie werden Ihnen helfen, sich an das Licht, das Sie sind, zu erinnern. Diese zwanzig Minuten werden sich als hervorragende Investition in Ihren Tag erweisen, denn, weil Sie Ihre geistige Energie freisetzen und sich vom Heiligen Geist statt von Ihrem widerständigen Ego führen lassen, sparen Sie sich unendlich viel Zeit.

Sehen Sie in allem das Geschenk. Machen Sie sich bewusst, dass es kein Problem gibt – wie komplex oder langwierig es auch sein mag –, das nicht gelöst werden kann, indem Sie eine Verbindung zu Ihrem Licht herstellen und um die Umwandlung der Verhältnisse hin zum Guten bitten.

Erkennen Sie, wie viel Zeit Sie mit Jammern zubringen – leise oder laut. Etwa über Ihren Chef oder Ihren Ehepartner, Ihre Kinder oder über den Gesetzgeber. Wie viel Zeit verbringen Sie täglich damit, alte Bänder im Kopf über Ihr Versagen oder über Dinge, die Sie bereuen, abzuspielen? Wie oft verpassen Sie das, was sich direkt vor Ihrer Nase abspielt, weil Sie sich Sorgen über die Zukunft machen? Fragen Sie sich, sobald Sie sich Ihres auf Angst basierenden Denkens bewusst werden: Wie könnte ich diese Zeit und Energie stattdessen besser nutzen? Was könnte ich erschaffen, wenn ich die in Verbindung zu den unendlichen Möglichkeiten meines höheren Bewusstseins heranziehen würde?

Fragen Sie sich nach dem Ziel und Zweck, bevor Sie sich in irgendeine Situation oder Beziehung begeben. In *Ein Kurs in Wundern* wird die Frage gestellt: »Wozu dient es?« (Tipp: Zwei ausgezeichnete Antworten lauten: »der Liebe« und »dem höchsten Wohle aller«.) Wenn Sie beispielsweise vorhaben, mit Ihrem Partner darüber zu sprechen, dass er sich mehr an der Hausarbeit beteiligen sollte, können Sie das Gespräch dazu verwenden, sich zu beklagen und den anderen zu tadeln. Oder Sie können es nutzen, um mehr gegenseitiges Verständnis und ein tieferes Gefühl der Partnerschaft entstehen zu lassen – von einem saubereren Badezimmer einmal ganz abgesehen. Ihr Nachhaken erinnert Sie daran, wer und was Sie sind, lässt Licht in die Situation strömen und schafft Rahmenbedingungen, die für alle förderlich sind.

* * *

Lassen Sie uns ein paar Beispiele dafür betrachten, in welcher Weise Sie die Dinge anders tun, wenn Sie mit der rechten Gesinnung Ihres höheren Selbst leben.

1. Sie sind mit Eltern aufgewachsen, die nicht viel Gutes über die Welt zu sagen hatten. Ein Teil von Ihnen wusste, dass Sie zu großartigen Dingen fähig sind, aber es war nie genug Geld für Musik- oder Sportstunden da, und Ihre Eltern haben Sie davon abgehalten, von einem anderen Leben zu träumen. »Wir haben schlechte Karten in dieser Welt«, sagten sie. »Die guten Dinge passieren nur bei anderen Leuten.«

Auch wenn Sie das nie ganz geglaubt haben, so hatte diese Worte doch eine einschränkende Wirkung auf Sie, als würden Sie, indem Sie sich selbst kleinhalten, den Überzeugungen Ihrer Eltern Respekt bezeugen. Aber jetzt, da Sie wissen, dass Sie das Licht sind und dass Ihr Geist über eine unbeschränkte Kraft verfügt, wird Ihnen klar, dass es niemandem dient, jenen alten falschen Überzeugungen nachzuhängen.

Schließen Sie also Ihre Augen, und konzentrieren Sie sich auf Ihre Verbindung zum Heiligen Geist. Das richtet Sie auf Ihr höheres Bewusstsein und Ihre unbegrenzten Möglichkeiten aus. Gestatten Sie es sich, Ihre Ziele und Träume niederzuschreiben, wie seltsam sie auch erscheinen mögen. Sehen Sie die Liste durch, und bitten Sie bei der Auswahl derjenigen Ziele und Träume um spirituelle Führung, die Sie inspirieren. Nehmen Sie sich nun fest vor, jede Woche jemanden zu kontaktieren, der Ihnen Informationen oder Unterstützung geben kann, damit Sie Ihre ausgewählten Ziele erreichen.

Wenn Sie den Mut verlieren, und die alten Wege Sie zurückzurufen beginnen, dann erinnern Sie sich daran, dass Sie das Licht der Welt sind. Als dieses Licht haben Sie Freude, Erfolg, Fülle und Frieden verdient und machen einen weiteren Schritt auf die Verwirklichung Ihrer Träume zu.

2. Ihr Mann hat eine offenstehende Rechnung bei einem Kunden, der ihn noch nicht bezahlt hat. Sie brauchen das Geld, um Ihre eigenen Rechnungen zu begleichen. Inzwischen schläft Ihr Mann schlecht, und Sie vermuten, dass er sich nachts im Bett herumwälzt, weil er sich vor einem möglichen Konflikt mit seinem Kunden fürchtet.

Ihr Ego wird allmählich frustriert und ungeduldig. Es will zu Ihrem Mann sagen: »Worauf wartest du? Sei nicht solch ein Feigling. Setz dich in Bewegung und treib das Geld ein. Ich hätte dich nie geheiratet, wenn ich gewusst hätte, dass du mal so werden wirst.«

Das ist zweifellos kein angemessener Gebrauch Ihres Geistes. Sie können nicht jemanden heruntermachen und dann mit sich zufrieden sein. Wenn man das Licht eines anderen Menschen reduziert, verringert man stets auch sein eigenes. Zwar kann man den anderen durch dergleichen in dem Moment zum Handeln bewegen, bewirkt jedoch langfristig Verbitterung.

Stattdessen könnten Sie und Ihr höheres Bewusstsein zu Ihrem Mann sagen: »Ich weiß, dass du keine Auseinandersetzungen magst. Du möchtest, dass alle glücklich sind – dein Kunde *und* wir. Und du willst fair sein; manchmal so sehr, dass du unfair zu dir selbst bist. Ich weiß, dass es dich zermürben wird, solange diese Rechnung nicht beglichen ist, und ich glaube, dass das der Grund für deine Schlafprobleme ist. Je schneller du diese Sache erledigen kannst, desto besser wirst du dich fühlen. Ich weiß, dass du es gut hinbekommen wirst.«

Was bewirkt das? Es verleiht Ihnen eine klare und mitfühlende Stimme, stellt die Erinnerung an das Licht in Ihnen beiden wieder her und gibt Ihrem Mann die Freiheit, die Situation aus einer Haltung der Liebe statt der Angst zu klären.

3. Eine Mittelstufenlehrerin sieht, dass eine ihrer Schülerinnen um einige Minuten zu spät ins Klassenzimmer kommt. Bevor die Schülerin an ihren Platz geht, zieht sie so viel Aufmerksamkeit auf sich wie möglich. Sie lässt absichtlich ein Buch fallen, stößt gegen den Stuhl einer anderen

Schülerin und summt vor sich hin. Ihr Ego verlangt nach Liebe – also der Teil von ihr, der stets eine widersprüchliche Strategie von Vorpreschen und Rückzug betreibt nach dem Motto: »Ich selbst halte mich für wertlos, will aber von anderen wahrgenommen werden.«

Statt sie vor der Klasse zurechtzuweisen oder sie nachsitzen zu lassen, beginnt die Lehrerin mit dem Unterricht. Sie geht zu der Schülerin hinüber und sagt leise zu ihr, ohne ihre Aufmerksamkeit gegenüber den restlichen Schülern zu verringern: »Nun beruhige dich mal. Ich bin froh, dass du da bist.«

Oha. Das ist nicht das, was die Schülerin erwartet hat. Eine leise Stimme. Ein Willkommen. Eine sanfte Anweisung. Bestätigung. Die Botschaft der Lehrerin erinnert die Schülerin daran, dass sie unter ihrer äußeren Herausforderung und Angeberei das Licht ist.

So setzen Sie Ihren Geist angemessen ein.

* * *

Beim Einsatz Ihres höheren Bewusstseins geht es nicht einfach darum, mehr Geld zu verdienen oder harmonischere Beziehungen zu pflegen. Es geht um den Unterschied zwischen einer friedlichen Welt und einer, die sich selbst in die Luft sprengt. Wenn Sie Ihr Leben jeden Tag in die Luft jagen, indem Sie sich selbst oder andere mit Ihren Gedanken angreifen, tragen Sie zu weiterem Chaos – und sogar zu noch mehr Gewalt – auf der Welt bei. Aber jedes Mal, wenn Sie mit Ihrem höheren Bewusstsein denken, tragen Sie zu mehr Frieden bei, jetzt und in der Zukunft.

Erinnern Sie sich: Gefühle haben ihren Ursprung in Gedanken. Wie es in *Ein Kurs in Wundern* heißt: »Was als negatives Gefühl wahrgenommen wird, ist nicht ein Mangel an Liebe, sondern lediglich die Verkehrung von Gedanken, welche die Macht und Güte der Liebe untergräbt.«

Das ist ein wesentlicher Punkt, weil unsere Gedanken die Wegbereiter all unserer Worte, Handlungen und Gefühle sind – mit anderen Worten: unseres gesamten menschlichen Selbstausdrucks. Wenn Sie beispielsweise von einem Gefühl der Scham geplagt werden, können Sie es mit einer Beratung, einem Coaching oder einer Therapie versuchen. Sie können Ihre Selbstgespräche ändern. Sie können neue Angewohnheiten entwickeln. Aber wenn Sie alle diese Schritte auf der Basis Ihres immer gleichen auf Angst basierenden Denkens unternehmen, das Ihr Gefühl der Scham ja überhaupt erst erzeugt hat, haben Sie zwei Wahlmöglichkeiten: Pfeifen Sie drauf, oder versuchen Sie, es zu ändern. So oder so werden Ihnen Fortschritte versagt bleiben oder bestenfalls von kurzer Dauer sein.

Es gibt nur einen Weg, Schuld- und Schamgefühle und andere Formen der Ego-Angst wirklich zu heilen: Bitten Sie den Heiligen Geist, Ihre auf Angst basierenden Gedanken zu heilen und Ihre Erinnerung an das Licht, das Sie sind, wiederherzustellen – ein Licht, in dem Angst in keinerlei Form existieren kann.

Jedes Mal, wenn wir es uns selbst oder anderen gestatten, unser Bewusstsein für Negatives, für Selbstmitleid, Klagen, Klatsch, Hass oder andere Formen der Angst zu benutzen, vermitteln wir uns selbst, dass wir *nicht* das Licht der Welt sind. Wir belügen uns im Wortsinne. Wir lassen es zu, dass sich unsere Mitmenschen selbst herabsetzen, und wir tun das Gleiche.

Das ist der Grund, warum es nicht nur Ihnen persönlich nützt, wenn Sie anfangen, darauf zu achten, wie Sie Ihr

Bewusstsein nutzen – und welches Bewusstsein Sie nutzen –, sondern warum es auch die Art verändert, wie Sie mit anderen interagieren und wie diese sich selbst sehen. Dieselbe Angst, die zu Hause Spannungen erzeugt, erzeugt auch Spannungen in der Gemeinschaft und in der Welt. Viel von unserem Stress, unseren Überforderungen und unserer Toxizität tritt auf, weil wir im falschen Bewusstsein herumhängen – eine Klientin und ich bezeichnen es als »schlechte Gesellschaft« – und nicht wissen, dass es eine Alternative gibt. Sie müssen die Welt nicht in Ordnung bringen, sie beklagen oder sie kontrollieren. Schulen Sie sich stattdessen darin, mit dem Bewusstsein der Liebe zu denken.

* * *

Hier ein paar Dinge, die Sie möglicherweise denken und sagen, während Sie Ihr höheres Bewusstsein einsetzen:

»Manchmal verfange ich mich darin, die Dinge auf eine bestimmte Art zu sehen oder etwas einfach deshalb so zu tun, weil ich es immer auf diese Weise getan habe. Aber jetzt öffne ich mich dafür, neue Möglichkeiten in Betracht zu ziehen.«

»Ich weiß, dass ich das Licht der Welt bin, und darum verpflichte ich mich, mein Bewusstsein für ein höheres Ziel einzusetzen.«

»Ich tue dies, weil …« Fragen Sie nun Ihr höheres Selbst und den Heiligen Geist nach der Antwort. Nehmen Sie sich Zeit, die Gedanken hinter Ihren Handlungen zu betrachten. Prüfen Sie, worin Ihr Ziel besteht und was Sie erreichen wollen. Das ist etwas anderes als das schlichte Setzen von Zielen. Es ist eine von einem höheren Bewusstsein getragene Motivation.

Was ändert sich, wenn Sie Ihr höheres Bewusstsein durchgängiger einsetzen?

- Sie haben mehr Energie, weil Sie sich von dem Bedürfnis nach Kontrolle lösen.
- Alte Muster der Negativität sowie das Gefühl von Wert- und Hoffnungslosigkeit werden durch eine frohere Perspektive sowie ein Gefühl der Werthaftigkeit und der bestehenden Möglichkeiten ersetzt.
- Sie fühlen sich empfänglicher und dankbarer.
- Sie bemerken weniger Konflikte in Ihrem Leben.
- Sie handeln zuversichtlicher.
- Sie reagieren weniger stark auf Lebensereignisse, und sie beherrschen Ihre Gefühle nicht mehr so stark.
- Sie sind besser imstande, sich selbst, anderen und dem Heiligen Geist zu vertrauen.
- Sie schätzen die von Liebe getragenen Gedanken, Worte und Handlungen, die Sie durchströmen.

* * *

Es ist wichtig, sich immer wieder vor Augen zu führen, dass die Herrschaft über das eigene Bewusstsein eine lebenslange Aufgabe ist. Wenn Sie damit beginnen, Ihr höheres Bewusstsein häufiger einzusetzen, wird Ihnen mehr von dem begegnen, was Sie in Ihrem Leben haben wollen, und weniger von dem, was Sie nicht wollen. Aber Sie werden Ihr Ego nie ausmerzen können, deshalb brauchen Sie sich das auch nicht zum Ziel zu setzen. Es ist sogar so, dass Sie, wenn Sie Ihrem Ego zu entkommen oder es zu beseitigen versuchen, seine Wirkkraft verstärken, indem Sie sich darauf konzentrieren.

Unser Menschsein beinhaltet einfach, dass wir auch ein Ego haben und von Zeit zu Zeit immer wieder von ihm beeinträchtigt werden. Aber Sie können von einer Situation, in der Sie durch Ihre auf Angst basierenden Gedanken unbewusst zum Opfer gemacht werden, in eine Situation wechseln, in der Sie sich bewusst für höhere Gedanken entscheiden, die Ihnen und der Welt auf positive Weise dienen. Mit anderen Worten: Lassen Sie sich nicht entmutigen, wenn Sie wieder einmal in Angst verfallen. Begreifen Sie solche Fälle als Lernübung, und wählen Sie beim nächsten Mal die Liebe.

Vergessen Sie nicht: Wenn Sie aus einem höheren Bewusstsein heraus denken und handeln, werden Sie durch grenzenlose Ressourcen und Hilfestellungen unterstützt. Wenn Sie hingegen mit dem niederen Bewusstsein denken, schließen Sie sich in einen selbst gemachten Käfig ein. Sie können wählen, mit welchem Bewusstsein Sie denken und auf welches Bewusstsein Sie hören wollen.

Es ist zweckmäßig, wenn Sie Ihr höheres Bewusstsein einsetzen. Es spart Zeit und Kraft. Und es erzeugt die besseren Ergebnisse. Warum also sollten Sie Ihr Bewusstsein nicht einsetzen, um das Bestmögliche zu erzielen? Warum sollten Sie es verwenden, um festgefahren und missmutig zu bleiben, wenn Sie es verwenden können, um aus sich herauszugehen und froh zu sein?

Es liegt ganz bei Ihnen. Unabhängig davon, wie Ihre Lebensumstände sein mögen, in welches Umfeld Sie hineingeboren wurden oder an welche Beschränkungen Sie täglich zu stoßen scheinen: Wenn Sie es zulassen, wird Sie Ihr Bewusstsein befreien. Und wenn Sie wissen, dass Sie das Licht der Welt sind, wissen sie auch, dass Sie es fraglos verdient haben, frei zu sein.

Wenn Sie diese Freiheit mit Selbstliebe verbinden, werden Sie staunen, wie sich Ihr Leben verändert. Das bringt uns zwangsläufig zur nächsten Grundregel.

3.

Fördern Sie Ihre Selbstliebe

Wenn Sie wissen, dass Sie das Licht der Welt sind und Ihr höheres Bewusstsein zum Wohle aller einsetzen, sind Sie auf dem besten Weg, Selbstliebe zu einem Teil Ihres Lebens zu machen. Von welcher Art Liebe reden wir da? Nicht von einer romantischen, von einer vorbehaltlichen und auch nicht von einer Liebe, die auf Gewinn oder Bestätigung basiert.

Es geht um die göttliche Liebe, durch die wir geschaffen wurden und die von einem Licht zum nächsten weitergegeben wird.

Wenn wir allein auf unser Ego bauen, finden wir nicht die Erfüllung, Zufriedenheit und Freude, die wir suchen. Wir werden uns stets um unsere Frustration, Depression, Unzufriedenheit und Wut drehen. Die Selbstliebe erkennt durch unser höheres Bewusstsein und mithilfe des Heiligen Geistes das Licht, das wir sind.

Sie können sich nicht zugleich selbst hassen und andere lieben. Das ist unmöglich. Wenn Sie also die Welt lieben und ihr Frieden bringen wollen, dann muss der erste Schritt darin bestehen, dass Sie sich selbst lieben. Es gibt keinen anderen Weg.

* * *

Bei dem Wort Selbstliebe denken wir oft daran, einen Tag in einem Wellnesstempel zu verbringen, uns mit Maniküre und Pediküre verwöhnen zu lassen und einen üppigen Salat zu essen. Aber dergleichen ist lediglich ein Versuch, eine Auszeit von dem Chaos zu nehmen, das in unserem auf Angst basierenden Bewusstsein herrscht.

Es gibt unterschiedliche Definitionen von Selbstliebe. Mit dem Begriff ist in diesem Buch gemeint, dass man auf sich selbst achtet, indem man erstens konsequent und gewollt aus seinem höheren Bewusstsein heraus lebt und zweitens darauf vertraut, dass man in Verbindung mit der Quelle sein Licht zum Ausdruck bringt, um das Höchste und Beste für alle zu erschaffen. Aus diesem Grund ist es so wichtig, zu wissen, dass man das Licht ist und dass das höhere Bewusstsein über gewaltige Kraft verfügt.

Selbstliebe heißt, dass Sie wieder und wieder mit der Quelle sprechen, damit Sie sich an Ihre spezifischen Gaben und Talente erinnern und von ihnen Gebrauch machen. Indem Sie das tun, erkennen Sie Ihr Selbst. Wenn Sie darauf verzichten, können Sie zwar vom Verstand her wissen, dass Sie das Licht sind, aber trotzdem noch immer in der Dunkelheit leben. Sie wissen zwar vielleicht, dass Sie ein höheres Bewusstsein haben, ignorieren es aber hartnäckig. Doch wenn Sie Ihre Selbstliebe fördern, wählen Sie ganz bewusst Ihr inneres Licht und Ihr höheres Bewusstsein zu Ihrem eigenen Wohl und zum Wohle anderer.

Lassen Sie uns einen Blick auf die grundlegenden Elemente der Selbstliebe werfen:

Selbstliebe bedeutet, darauf zu vertrauen, dass die Quelle wusste, was sie tat, als sie Sie schuf. Statt nach anderen Menschen zu schielen, um Hinweise zu bekommen, wie Sie sich verhalten müssen, um als akzeptabel zu gelten, treten Sie Ihrem eigenen besten Selbst gegenüber und sagen: »Hallo, ich kenne dich! Du hast diese unglaubliche Gabe, zuhören zu können.« Oder das Beste in Kindern hervorzubringen. Oder Klarinette spielen zu können. Oder Abstellkammern aufzuräumen. Anders gesagt: Sie würdigen Ihren speziellen Ausdruck der Liebe und des Lichts auf diesem Planeten, unabhängig davon, wie alle anderen darüber denken. Sie stehen in der Herrlichkeit dessen da, wer Sie sind, und wissen, dass Sie sich nicht entschuldigen und auch niemanden um Erlaubnis bitten müssen.

Es ist wichtig, Ihr Leben von Angst und Groll zu befreien. Sie kapseln sich nicht von anderen ab und sagen: »Zum Teufel mit allen; ich tue es auf meine Weise.« Stattdessen sind Sie einfach Sie selbst, ohne etwas beweisen zu müssen. »Ich will der Mensch sein, der ich bin, und ich hoffe, alle anderen halten es ebenso.«

Selbstliebe entspringt Ihrer Selbstverpflichtung, Ihr Bewusstsein zum höchsten Wohle aller einzusetzen. Sie richtet Sie auf Sie selbst aus und erinnert Sie daran, dass Selbstliebe Ihr natürlicher Zustand ist. Alles außerhalb von Ihnen wird sich beständig ändern, aber das Licht, das Sie sind, bleibt unverändert so, wie es ist. Dies ermöglicht es Ihnen, auf Folgendes zu vertrauen:

- auf göttliches Timing;
- auf einen größeren Gesamtzusammenhang, den Sie nicht sehen können;
- darauf, dass alles zu Ihrem Besten verläuft;
- auf die Wahrheit, dass Gott Sie glücklich sehen will;
- auf Ihren eigenen Selbstwert.

Es ist von grundlegender Bedeutung, dass Sie Selbstliebe entwickeln, weil die Beziehung, die Sie zu Ihrem Selbst und zu Gott haben, die Basis für alle Ihre anderen Beziehungen und Interaktionen ist. Selbstliebe geht also erheblich tiefer als einfach nur, guter Stimmung oder mit sich zufrieden zu sein. Ohne Selbstliebe haben Sie stets Selbstzweifel, prügeln auf sich selbst ein, vergleichen sich mit anderen und konzentrieren sich auf Ihre Fehler statt auf Ihre Stärken. Und das ist so, als würden Sie ständig bei Sturm auf See sein und von den aufgepeitschten Wellen herumgeworfen und vom Wind gebeutelt werden. Kein Wunder, wenn Sie sich dann erschöpft und überfordert fühlen.

Wenn Sie jedoch aus der Selbstliebe heraus leben, haben Sie ein solides Fundament. Dann spielt es keine Rolle, was der Rest der Welt macht, sagt oder über Sie denkt. Sie können auf das Licht vertrauen, das Sie sind.

* * *

Stellen Sie sich vor, dass ein dreijähriges Kind zu Ihnen sagt: »Ich bin böse. Ich verdiene es nicht, geliebt zu werden.« Wie würden Sie reagieren? Sie würden das dreijährige Kind ohne zu zögern in die Arme nehmen und erwidern: »Natürlich verdienst du es, geliebt zu werden.«

Sie hätten keinerlei Zweifel daran. Trotz aller Ungezogenheiten des Kindes hätten Sie eine eindeutige und klare Überzeugung, die Sie zum Ausdruck bringen würden, indem Sie das Offensichtliche aussprechen: Natürlich verdienst du es, geliebt zu werden.

Ihr Ego ist wie das dreijährige Kind. Es hat Botschaften, Programmierungen und Selbstgespräche übernommen, die besagen, dass es böse ist und Freude, Frieden, Liebe, Erfolg, Überfluss oder Wohlbefinden nicht verdient hat. Aber das entspricht nicht der Wahrheit.

Ich möchte daher, dass Sie Folgendes tun: Beginnen Sie, auf Ihr Ego genauso zu reagieren, wie Sie es dem dreijährigen Kind gegenüber tun würden:

- Wenn Sie die Stimme Ihres Ego sagen hören: »Ich bin nichts wert«, dann setzen Sie dagegen: »Natürlich bin ich etwas wert.«
- Wenn Ihre Egostimme sagt: »Ich werde nie abnehmen«, widersprechen Sie mit den Worten: »Selbstverständlich werde ich abnehmen.«
- Wenn Ihr Ego behauptet: »Ich verdiene es nicht, eine Arbeit zu verrichten, die mir Spaß macht«, entgegnen Sie: »Natürlich verdiene ich es, eine Arbeit zu verrichten, die mir Spaß macht.«
- Wenn Ihre Egostimme klagt: »Ich habe niemanden, auf den ich mich verlassen kann«, erwidern Sie: »Gewiss habe ich Menschen, auf die ich mich verlassen kann.«

Dies bewirkt zweierlei: Es zeigt Ihnen, wie absurd die Behauptungen des Egos sind, und es bekräftigt, dass es keine Notwendigkeit gibt, entsprechend der beschränkten

Auffassungen des eigenen Egos zu leben – nicht, wenn Sie das Licht der Welt sind.

* * *

Wenn Sie sich selbst lieben, bedeutet das, dass Sie darüber entscheiden, was Macht über Sie hat und was nicht. Das hängt davon ab, was Sie wertschätzen. Wenn Sie den falschen Werten anhängen, finden Sie laut *Ein Kurs in Wundern* keinen Frieden. Setzen Sie die richtigen Werte, so ist Ihr Leben voller Freude.

Das bedeutet, dass Sie sich entscheiden müssen, was Ihr Leben beherrschen soll. Sollen es Wut und Schuldzuweisungen sein? Überforderung? Krankheit? Mangel? Armut? Unterdrückung? Verzweiflung? Oder sollen es lieber Hoffnung und Vergebung sein? Anerkennung? Dankbarkeit? Wohlstand? Überfluss? Glaube?

Beginnt beispielsweise Ihre Wut auf Politiker Sie zu beherrschen? Oder reagieren Sie auf ihre Entscheidungen dadurch, dass Sie Ihr Licht zum Ausdruck bringen? Kanzeln Sie Ihre Kinder ab, wenn sie ihr schmutziges Geschirr einfach ins Spülbecken stellen, oder finden Sie eine einvernehmliche Lösung? Wenn ein Kollege oder eine Kollegin Sie zu sabotieren sucht, üben Sie dann Rache oder führen Sie ein ernsthaftes Gespräch?

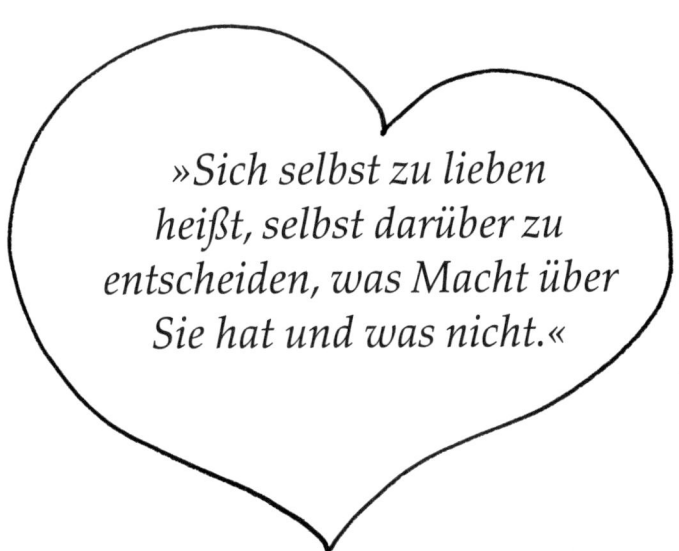

»Sich selbst zu lieben
heißt, selbst darüber zu
entscheiden, was Macht über
Sie hat und was nicht.«

Lieben Sie sich selbst genug, um die Dinge richtig einschätzen zu können, denn was Sie zu Ihren vorrangigen Idealen machen, bestimmt Ihre Lebensqualität. Sie können sich in der scheinbar schlechtesten Ausgangslage befinden, aber wenn Sie ein höheres Ideal erklimmen, können Sie sich über diese schlechteste Ausgangslage erheben.

* * *

Die kraftvollste und am stärksten von Selbstliebe geprägte Entscheidung, die Sie treffen können, ist, selbst zu bestimmen, wer und was Sie sind und was richtig für Sie ist, und dies dann für sich zu beanspruchen. Sobald Sie das tun, sind Sie gegen die Urteile und Meinungen anderer gefeit.

Was also können Sie konkret tun, um Ihre Selbstliebe zu fördern?

Bauen Sie Vertrauen auf, indem Sie jeden Morgen und jeden Abend zum Heiligen Geist sprechen. Bedanken Sie sich im Laufe des Tages außerdem mindestens ein Dutzend Mal für die spirituelle Führung, die Sie erhalten. Bauen Sie Ihre Beziehung zum Heiligen Geist aus, sodass sie zu einer ebenso greifbaren Quelle der Unterstützung wird wie Ihre Freunde und Ihre Familie.

Umgeben Sie sich mit Freude. Versehen Sie jedes Ihrer Zimmer mit mindestens einer Freudenbotschaft – etwa in Form eines Spruchs auf einer Tafel, eines beschrifteten Flusskiesels, eines Posters oder eines Kühlschrankmagneten. Schaffen Sie sich ein Umfeld, das Sie daran erinnert, wer Sie sind.

Werden Sie sich selbst gegenüber ehrlich. Stellen Sie sich selbst Fragen, die Ihnen Klarheit verschaffen: Tue ich dies, um mir bei den Leuten Anerkennung zu verschaffen? Oder weil es das ist, was ich will und glaube? Ist dies ein Ausdruck meines Lichts? Oder folge ich dem, was die Welt sagt, obwohl es mir nicht dient? Indem Sie Fragen stellen und Antworten erhalten, bauen Sie eine Beziehung zu Ihrem Selbst auf und werden vertrauter mit dem Licht, das Sie sind, und damit, wie Sie es zum Ausdruck bringen können.

Üben Sie sich darin, Ihre spezifischen Begabungen einzusetzen und mit anderen zu teilen. Wenn Sie gern malen, dann tun Sie das häufiger, und verkaufen Sie Ihre Werke oder verschenken Sie sie. Wenn Sie geschickt im Reparieren von Dingen sind, dann suchen Sie sich andere Menschen, die das lernen wollen, und bringen Sie es ihnen bei. Wenn Sie hervorragend organisieren können, helfen Sie einem Freund oder einer Freundin, die Küchenschränke aufzuräumen. Da Sie Ihre Talente in der Welt zum Ausdruck bringen, werden Sie dadurch, dass Sie sie teilen, gesegnet und stärken Ihr Selbstwertgefühl.

Bereiten Sie mehr Mahlzeiten mit Liebe zu, und segnen Sie alles, was Sie essen. Diese einfachen Handlungen nähren Sie im Wortsinne mit Licht und laden Ihr Selbst und Ihre Verbindungen zu anderen mit Energie auf.

Entschuldigen Sie sich, wenn Sie einen Mitmenschen mit Ihrer Angst zugeschüttet haben. Ihre Entschuldigung bereinigt die Situation für Sie beide, sodass Sie keine Gefühle der Schuld, des Grolls oder der Reue mehr in sich tragen.

Identifizieren Sie eine Angelegenheit in Ihrem Leben, die Sie vernachlässigt haben. Es kann sich um ein Gespräch handeln, das Sie führen müssen; eine Rechnung, die Sie noch nicht bezahlt haben; oder einen Streit, den Sie beilegen sollten. Wenn Sie Dinge unerledigt lassen, zehrt dies an Ihrer Energie und weist auf einen Mangel an Vertrauen und Selbstwertgefühl hin. Erinnern Sie sich also an das Licht, das Sie sind, bitten Sie den Heiligen Geist um Hilfe, und erlauben Sie es, dass Ihr Selbst zu einer Lösung geführt wird. Wenn Sie Liebe in die Situation einbringen, können Sie die entsprechende Sache leichter erledigen, als Sie es sich vielleicht vorstellen können.

Vergessen Sie nicht, dass Sie immer zu sich selbst sprechen. Jedes Mal, wenn Sie Gedanken hegen oder Worte äußern oder Handlungen vollziehen, die andere verletzen sollen, verletzen Sie stets auch sich selbst – ohne jede Ausnahme. Daher ist die goldene Regel, dass man andere stets so behandeln soll, wie man selbst behandelt werden möchte, nicht nur ein moralisches Gebot, sondern sie dient auch der eigenen seelischen Gesundheit.

Wenn Sie jemanden in Gedanken oder laut als Idioten bezeichnen, setzen Sie dadurch sich selbst herab. Wenn Sie fernsehen und denken »Mann, ist die hässlich«, sprechen Sie zu sich selbst. Wenn Sie den Fahrer verfluchen, der Sie gerade geschnitten hat, bestrafen Sie sich selbst.

Weil diese auf Angst basierenden Angriffe – ausgesprochen oder nicht – allgegenwärtig sind, machen sie uns buchstäblich individuell und kollektiv krank. Aber wir können diese Krankheit heilen, indem wir stattdessen aus dem Licht heraus sprechen – ein Akt höchster Selbstliebe.

* * *

Wie sieht von Selbstliebe getragenes Handeln aus? Hier ein paar Beispiele:

1. Ihr Bruder versucht, eine Einladung für ein Familientreffen zu entwerfen, aber er kommt mit der Onlinesoftware nicht zurecht. Frustriert kommt er zu Ihnen und sagt »Ich krieg das verdammte Zeug nicht hin« und bittet Sie um Unterstützung.

Ohne das Wissen, dass Sie beide das Licht der Welt sind, reagieren Sie möglicherweise auf seine Verärgerung, indem Sie ihn anschnauzen, während Sie das Dokument für ihn erstellen. Leise nennen Sie ihn einen Idioten und denken: »Warum muss er immer solch ein Trottel sein? Er ist schon unser ganzes Leben lang so gewesen. Warum habe ich solch einen Bruder am Hals?« Dieser innere Monolog kann Ihnen schnell den Tag verderben. Sie sollten sich fragen: »Warum tue ich das meinem Selbst an? Will ich wirklich meinen Frieden gegen *so etwas* eintauschen?«

Wenn Sie Selbstliebe praktizieren, wissen Sie, dass Sie alles, was Sie für Ihren Bruder tun, zugleich für sich selbst tun. Ihr innerer Monolog könnte dann folgendermaßen lauten: »Ich verstehe. Aus seinem Verhalten sprechen Angst und Frustration. Er fürchtet, schon wieder als jemand gesehen zu werden, der nichts hinbekommt. Ich muss ihm nicht sein Leben vermiesen. Ich kann entweder aus der Angst oder aus dem wirklichen Bedürfnis heraus, ihm zu helfen, reagieren. Was wird uns beiden helfen, uns daran zu erinnern, wer und was wir sind? Was wird sich letztlich besser für mich anfühlen?«

Denken Sie daran: Jedes Mal, wenn wir andere als das Licht sehen, erinnern wir uns auch selbst daran, was wir sind.

Und was ist, wenn Sie einmal vergessen, dass Sie das Licht der Welt sind, und nicht friedvoll reagieren? Keine Sorge. Dann sagen Sie einfach »Es tut mir leid« und gehen Ihrer Wege. Sie werden schneller als gedacht eine weitere Chance bekommen.

2. Sie sind angesichts des Zuwanderungsproblems zutiefst besorgt und finden, dass Sie an einem Protestmarsch teilnehmen sollten, der in ein paar Wochen stattfindet. Jedes Mal, wenn Sie daran denken, können Sie fühlen, wie sich ihr Ego voller Ärger, Empörung und Verzweiflung aufbäumt. Sie wollen sich Gehör verschaffen und für Ihre Überzeugungen eintreten. Aber Sie fragen sich, ob die Energie der Menge nicht bewirken wird, dass Sie sich schlechter statt besser fühlen werden.

Eine Übung in Selbstliebe besteht darin, dass Sie Zeit damit verbringen, darüber nachzudenken, warum und wie Sie mitmarschieren wollen, und erkennen, dass Sie mit Liebe dabei sein möchten. Sie wollen als das Licht, das Sie sind, in der Menge stehen und diese Energie und Absicht in die Versammlung einbringen.

Vielleicht fertigen Sie ein Zeichen an oder tragen ein T-Shirt, auf dem steht, *für* was Sie sind, und nicht, gegen was Sie sind. Vielleicht bitten Sie den Heiligen Geist, bei Ihnen und allen in dem Protestmarsch zu sein, damit Sie gegenseitiges Verständnis und Versöhnung fördern können. Möglicherweise beschließen Sie, mit Respekt für alle zu marschieren – selbst für diejenigen, die eine andere Meinung vertreten.

Wenn Sie diese Art von Energie zu irgendeiner Zusammenkunft mitbringen – ob Sie sich nun mit nur einer Person oder mit Tausenden von Menschen treffen –, können Sie darauf vertrauen, dass es etwas bewirkt. Denn Sie bringen eine höhere Energie zum Ausdruck und lassen Ihr Licht für alle leuchten.

3. Sie haben das Gefühl, sich festgefahren zu haben. Ihre Kinder sind erwachsen geworden, Ihr Mann ist mit seiner Arbeit beschäftigt, und wenn Sie morgens aufwachen, ist das Einzige, worauf Sie sich freuen, am Abend wieder schlafen zu können.

Sie bemerken, dass das Leben Sie langweilt, und Sie wissen nicht, was Sie dagegen tun können, weil Sie die vergangenen fünfundzwanzig Jahre damit verbracht haben, für alle anderen zu sorgen. Wenn Sie sich fragen »Was könnte mich wieder am Leben begeistern?«, fällt Ihnen nichts ein.

Ein Urlaub? Sie hassen es, Geld dafür auszugeben. Eine ehrenamtliche Tätigkeit? Sie können sich nur schwer vorstellen, die dafür erforderliche Energie aufzubringen. Ein Kochkurs? Sie haben in Ihrem Leben schon genug Mahlzeiten zubereitet.

Diese Reaktionen kommen eindeutig von Ihrem Ego, das immer Gründe findet, um von Wegen zur Freude fortzulenken. Daher sollten Sie nicht nach Antworten in der Außenwelt suchen, sondern sich nach innen wenden und sich wieder mit dem Licht vertraut machen, das Sie sind.

Fragen Sie sich: »Wann in meinem Leben war ich am glücklichsten, erfüllte mich die größte Begeisterung?« Stellen Sie sich anschließend diese Frage: »Was wusste ich damals über mich, das ich inzwischen vergessen habe?«

Denken Sie intensiv über die Antwort nach, dann werden Sie vermutlich fündig werden. Denn auf irgendeine Weise

wird Sie Ihr Nachdenken zu dem Licht zurückführen, das
Sie sind.

* * *

Hier sind ein paar weitere Anhaltspunkte über die Selbstliebe:

- <u>Die Art, wie Sie auf Ihre Mitmenschen reagieren, sagt
  Ihnen viel über Ihr eigenes Licht und Ihre Selbstliebe.</u>
  Wenn ein zurückhaltender Mensch Sie dazu bringt,
  sich abzuschotten, sollten Sie sich mit Ihren eige-
  nen Blockaden befassen. Wenn ein zurückhaltender
  Mensch Sie dagegen dazu veranlasst, ihn zu segnen,
  während Sie im Frieden mit sich bleiben, dann strahlt
  Ihr Licht ungehindert.
- Weil Sie immer zu sich selbst sprechen, liefert Ihnen
  dieses »Selbstgespräch« einen guten Maßstab für Ihre
  Selbstliebe, wenn Sie darauf achten, was Sie zu anderen
  sagen – oder gern zu ihnen sagen würden.
- Wenn Sie stets Anerkennung oder Liebe durch die Außenwelt suchen, ohne beides selbst zu empfinden, werden Sie Ihr Leben damit verbringen, umherzulaufen und
  nach der Erlaubnis dafür Ausschau zu halten, sein zu
  dürfen, wer Sie sind. Sie werden stets auf der Suche nach
  einer äußeren Bestätigung für Ihr Existenzrecht sein.
  Wenn Ihr Partner Ihnen Blumen geschickt hat, fühlen
  Sie sich in dem einen Augenblick geliebt. Im nächsten
  Augenblick, wenn sich in der U-Bahn jemand rück-
  sichtslos an Ihnen vorbeidrängt, fühlen Sie sich nicht
  wahrgenommen.

Wir betrachten die Welt als hässlichen und gefährlichen Ort, weil wir hoffen, ihr unseren Selbstwert anvertrauen zu können, aber dabei ständig enttäuscht werden. Doch unser Selbstwert befindet sich nicht »da draußen«. Er wohnt in uns und in unserer Verbindung zur Quelle. Wann immer Sie versuchen, ihn in einer Beziehung oder einem Besitz oder in einem Glauben oder einer Institution zu finden, bauen Sie eine Hass-Liebe-Beziehung zur Welt und zu sich selbst auf.

- Denken Sie daran, dass sich das Licht in Ihnen befindet. Blicken Sie nach innen. Blicken Sie nach innen. Blicken Sie nach innen. Haben Sie keine Angst. Ihr Ego wird Wachen an der Tür aufstellen und versuchen, Sie vom Hineingehen abzuhalten, aber in Ihnen befindet sich nichts anderes als das Licht.

- Wenn Sie sich Ihres Lichts gewiss sind, können Sie Ihr Leben mit Leidenschaft und klarer Zielsetzung führen, ohne Angst vor Übervorteilung zu haben. Sich selbst zu kennen und zu lieben bedeutet nicht nur, dass man seine Vorlieben, seine Stärken und Schwächen, seine Eigenarten und Gaben kennt. Es bedeutet, dass man sowohl weiß, wer man ist, als auch, was man ist. Wenn man sich dessen gewiss ist, wird man sein Leben und seinen Beitrag dazu leidenschaftlich auskosten.

- Selbstliebe ermöglicht es, den eigenen Groll loszulassen. Tatsächlich bringt Ihr Groll nur die Angst Ihres Egos zum Ausdruck, das nach Schuldigen sucht.

Hier ein einfaches Beispiel: Manchmal räumt mein Mann die Geschirrspülmaschine aus. Wenn er es nicht tut, reagiert mein Ego verärgert. »Was? Denkt er etwa, er hätte mehr zu tun als ich? Er hat den ganzen Abend vor dem Fernseher gesessen und Fußball geguckt. Wieso erledigt er seinen Anteil an der Hausarbeit nicht?«

Aber wenn ich ehrlich bin, hat er bereits die Wäsche gemacht, den Rasen gemäht und die Rechnungen bezahlt. Doch mein Ego will immer gewinnen – selbst auf Kosten der Wahrheit. Wenn ich also meinem Ego seinen Groll gestatte, dann ziehe ich die Frustration der Selbstliebe vor und trübe tatkräftig mein Licht. Folglich steigern Sie mit der Erkenntnis, dass es Ihnen fast so wichtig ist, Ihren Groll zu pflegen wie glücklich zu sein, Ihre Selbstliebe.

- Wenn Sie Ihre Selbstliebe fördern, brauchen Sie nicht auf den Reichtum, das Glück oder die guten Beziehungen anderer eifersüchtig zu sein, weil Sie wissen, dass Sie Erfolg, Überfluss und Liebe bereits in sich tragen. Wenn Sie das Prinzip der Selbstliebe anwenden, streifen Sie alles ab, was jene natürlichen Eigenschaften blockiert, sodass auch Sie nun Geld, Gesundheit und Harmonie in Ihr Leben holen können.

* * *

Welche Zeichen sind ein Hinweis dafür, dass Sie Selbstliebe üben?

- Sie fühlen sich stabil. Nicht unbeugsam, aber klar. Sie wissen, was Sie sind und was Sie glauben.
- Sie erfüllen Ihre eigenen Bedürfnisse ebenso wie die Bedürfnisse anderer.

- Sie setzen nicht mehr auf die Vorstellung, dass Stress und Kampf erforderlich sind. Sie vertrauen vielmehr darauf, dass das Leben leichter und einfacher sein kann, ohne dass Sie irgendetwas aufgeben müssen, worauf Sie Wert legen.
- Sie haben ein Gefühl der Sinnhaftigkeit, weil Sie wissen, dass Sie das Licht sind.
- Sie haben nicht länger das Gefühl, den Launen oder Forderungen ihrer Mitmenschen auszuweichen zu müssen.
- Sie vertrauen darauf, dass alle Dinge in Ihrem Sinne verlaufen.
- Sie wissen genau, was Sie wollen und was Sie nicht wollen, und setzen geeignete Grenzen.
- Wenn Sie den Heiligen Geist um etwas in Ihrem Leben bitten, verwenden Sie folgende Formulierung: »Ich bitte um dies oder um etwas Besseres.«
- Sie sind durch nichts aus der Fassung zu bringen und tragen eine von Frieden und Möglichkeiten geprägte Haltung in die Welt.
- Sie suchen jeden Tag aktiv nach einfachen Wegen, Ihre Freundlichkeit auf Menschen, die Sie nicht kennen, auszudehnen – etwa, indem Sie sich bei Ihrer Bedienung bedanken oder einer Mitarbeiterin im Supermarkt um die Ecke ein Kompliment für ihre Frisur machen. Durch solches Verhalten verwandeln Sie normale Interaktionen in Gelegenheiten, jemandem eine Freude zu bereiten und dadurch eine friedlichere Welt zu schaffen.
- Statt Angriff mit Angriff zu vergelten, senden Sie rüpelhaften Menschen Liebe, wie niederträchtig sie sich

auch verhalten mögen, weil Sie wissen, dass sie einfach nur aus Angst so handeln.

- Sie sind großzügig, weil Sie wissen, dass Ihre Bedürfnisse befriedigt werden und dass Sie, je mehr Liebe Sie anderen geben, umso mehr Liebe bekommen.
- Sie haben keine Bedenken, offen und ohne Angst vor Verurteilung zu sprechen und zu handeln, weil Sie von den Meinungen anderer über Sie unberührt bleiben.
- Sie wissen, dass es nicht egoistisch ist, zu sagen, was Sie wollen, und dass es kein Zeichen von Schwäche ist, andere um Hilfe zu bitten.

* * *

Bei der Selbstliebe geht es um Gott und Sie. Nicht um Ihren Pastor und Sie, Ihren Lehrer und Sie, Ihren Guru und Sie oder um Ihre Regierung und Sie. Selbstliebe ist ein inneres Wissen und Licht.

Aus diesem Grund kommt alles in diesem Buch immer wieder auf Sie zurück. Wenn Sie Wege finden wollen, um Frieden in eine chaotische Welt oder mehr Harmonie in Ihre Familie zu bringen oder Ihrer Gemeinde Auftrieb zu geben und sie zu inspirieren, dann blicken Sie in das Innere Ihres Selbst und fragen Sie den Heiligen Geist. Fragen Sie das Licht, das Sie sind.

Indem Sie das tun, werden Sie imstande sein, nur Liebe zu sehen, und damit gelangen wir zu unserer nächsten Grundregel.

4.

Sehen Sie nur Liebe

Sie wissen, dass Sie das Licht der Welt sind. Sie haben sich dazu verpflichtet, Ihr höheres Bewusstsein zum Wohle aller einzusetzen. Und Sie fördern die Selbstliebe, die dem Vertrauen in eine höhere Macht entspringt. Daher sind Sie jetzt imstande, Ihren Blick auf die Dinge zu ändern und nur noch Liebe zu sehen.

Wenn sich das anhört, als sei dazu nur ein Superheld fähig, dann haben Sie recht. Es erfordert tatsächlich Superkräfte, weil es Ihnen die Fähigkeit verleiht, das zu sehen, was andere nicht sehen können, Ungerechtigkeiten wieder gutzumachen und den Frieden in einer chaotischen Welt wiederherzustellen. Und Sie können ohne Einschränkungen sofort darauf zugreifen.

Warum ist es, wenn man das Licht der Welt ist, wichtig, nur Liebe zu sehen? Weil dies Ihre Aufmerksamkeit darauf konzentriert, was real ist. Es erinnert Sie daran, wer und was

Sie sind. Es hilft Ihnen, ohne Überforderung persönliche Situationen und Weltereignisse zu bewältigen.

Es ermöglicht Ihnen auch, die Geschenke in scheinbar unguten Situationen zu entdecken. Nehmen wir an, Sie werden seit ein paar Wochen von leichten Kopfschmerzen und Müdigkeit geplagt. Ihr Ego sieht darin ein Anzeichen für eine Erkrankung. Aber was wäre, wenn Sie diese Symptome aus einer anderen Perspektive betrachten? Was wäre, wenn Ihr Körper einfach ein wenig mehr Ruhe braucht, um mit Ihrem seelischen Wachstum Schritt halten zu können?

Oder vielleicht haben Ihre Eltern, als Sie noch ein Kind waren, Ihre musikalische Begabung ignoriert und Sie dazu gebracht, statt einer musikalischen eine kaufmännische Laufbahn einzuschlagen. Jetzt, da Sie erwachsen sind, wirft Ihr Ego Ihrer Familie möglicherweise vor, dass sie versucht hat, aus Ihnen jemanden zu machen, der oder die Sie nicht sind – und Sie empfinden Groll auf sich, weil Sie das zugelassen haben. Es besteht allerdings auch die Möglichkeit, in der Situation nur Liebe zu sehen und zu erkennen, dass die Gaben, mit denen Sie geboren wurden, noch immer vorhanden sind. Und außerdem meinten Ihre Eltern, für Sie das Richtige zu tun, obwohl sie sich von ihrer Angst um Ihr Wohlergehen leiten ließen.

Das geschieht, wenn Sie sich einer neuen Sichtweise befleißigen. Sie täuschen nichts vor und stecken auch nicht den Kopf in den Sand, sondern erkennen, dass die Ereignisse auch anders interpretiert werden können – so, dass alles und jeder zu Ihrem höchsten Wohl beiträgt. Wenn Sie die Dinge durch die Brille der Liebe statt durch die Brille der Angst betrachten, heißt das, dass Sie sie mit mehr Mitgefühl und weniger Vorwürfen, mit mehr Verständnis und weniger Ärger sehen.

Die Lehrmeister, die wir ehren, von Jesus bis Martin Luther King, sahen über die Angst hinaus auf die Liebe, weil sie nicht durch die Brille ihres Egos blickten. Und das ist die Lösung.

Wenn man nur Liebe sieht, geht es nicht darum, was Sie sehen. Es geht darum, *durch* die Dinge hindurchzusehen.

* * *

Was bedeutet es, nur Liebe zu sehen? Es bedeutet, dass Sie sich selbst oder andere nicht mehr länger kleinmachen. Stattdessen erzeugen und bestätigen Sie Einverständnis. Sie betrachten Menschen, die eine andere Meinung vertreten als Sie, als das Licht, das sie sind, und nicht als Ihre Feinde. Tatsächlich können gerade die Menschen Ihre größten Lehrmeister sein.

Diese Veränderung der Sichtweise ist eine natürliche Ausdehnung der Selbstliebe. Aber seien Sie sich dessen bewusst, dass Ihnen von den auf Angst basierenden Stimmen, die Sie umgeben, Widerstand entgegenschlagen kann. Wenn Sie Schönheit statt Hässlichkeit wahrnehmen, wird Ihnen vorgeworfen, dass Sie die Realität ignorieren. Wenn Sie sich dafür entscheiden, auf die positiven Nachrichten zu achten oder alle Nachrichten zu meiden, gelten Sie als unverbesserlich optimistisch. »Wach auf«, verlangt die Welt, was nichts anderes heißt als: »Was glaubst du eigentlich, wer du bist? Los, sei ebenso unglücklich wie wir.«

Das Ego will an der Seifenoper der Welt teilhaben, in der die Personen kommen und gehen, wobei sich die Handlung nie wirklich ändert. Wenn Sie sich in eine Hütte im Wald ohne Zugang zu irgendwelchen Nachrichten zurückziehen und ein Jahr später in die Welt zurückkehren würden, würden Sie erkennen, welche Macht der Istzustand Ihres Egos hat. Krieg? Tobt noch immer. Politische Zankereien? Stehen noch immer im Vordergrund. Armut und Hunger? Sind noch immer vorhanden.

Kein Wunder, dass es schwer zu sein scheint, nur Liebe zu sehen. Bei all dem auf Angst basierenden Lärm, der uns umgibt, haben wir keine Ahnung davon, wie schön die Welt ist.

»Wenn Sie die Dinge
durch die Brille der Liebe
betrachten, heißt das,
dass Sie mehr Mitgefühl,
weniger Vorwürfe und
weniger Ärger sehen.«

Aber es ist in Wirklichkeit überhaupt nicht schwer, nur Liebe zu sehen. Uns hält lediglich das Insistieren unseres Egos auf unsere Festgefahrenheit davon ab. Es ist mühelos möglich, den Schwerpunkt unserer Gedanken zu verändern und unseren Blick von den Härten und Mühen des Lebens auf die Schönheit in und um uns zu verlagern. Das können Sie jetzt sofort tun, wo auch immer Sie sein mögen und was auch immer in Ihrer Welt vor sich geht.

Denken Sie, statt darüber zu klagen, dass Ihnen Geld fehlt, an das Geld, das Sie besitzen. Statt an Herabsetzungen oder Beleidigungen, an die Gesten der Freundlichkeit, die Ihnen gegenüber gezeigt wurde. Statt an die Meinungsverschiedenheiten in unserer Welt, an Ihre Freiheit, anderer Meinung zu sein.

In genau diesem Augenblick können Sie Ihre Gedanken auf etwas richten, das Sie an Ihrem Partner oder Kind oder an einer anderen Person lieben. Freuen Sie sich über die immense Anpassungsfähigkeit der Menschen. Danken Sie im Stillen den Personen, die den Stuhl, auf dem Sie sitzen, hingestellt oder das Haus gebaut haben, das Ihnen Unterkunft und Wärme gewährt.

Dies ist eine einfache, ergiebige und wirkungsvolle Möglichkeit, Ihr Leben, Ihre Gesundheit, Ihre Finanzen und Ihre Beziehungen zu verändern. Warum? Weil sich alles, was Sie verbessern wollen, von allein verwandelt, indem Sie darin Liebe statt Angst sehen.

Hier ein paar Hinweise, die Ihnen helfen, nur Liebe zu sehen.

Vor einigen Jahren fertigten meine Co-Trainerin und ich für einen Workshop zu *Ein Kurs in Wundern* ein paar

Bilderkarten an. Jede zeigte eine leicht erkennbare Person oder Figur – etwa den Weihnachtsmann, Jesus, die Starköchin Julia Child oder ein Baby –, mit denen jeder unbestimmte warme Gefühle verbindet. Wir stellten aber auch andere Bilderkarten her, auf denen ein Terrorist, Hitler und der Serienmörder Freddy Krueger zu sehen waren.

Wir zeigten in unserem Kurs eine Karte nach der anderen; zunächst die, welche warme Gefühle auslösen. Dabei fragten wir die Teilnehmer: »Können Sie diese Person lieben?« Beim Anblick des Weihnachtsmanns lautete die Antwort natürlich ja. Ein Baby? Selbstverständlich. Julia Child? Wer könnte Julia Child nicht lieben?

Dann kamen wir zum Bild eines Terroristen mit Skimaske und Sturmgewehr. »Können Sie diese Person lieben?« Ein Zögern. Wir konnten das Unbehagen bei allen spüren, während sie mit der Angst kämpften, welche das Bild in ihrem Ego geweckt hatte. »Na ja, irgendwie vielleicht …« Andere schüttelten einfach nur den Kopf und sagten entschieden Nein. Die gleiche Reaktion erhielten wir bei Hitler. Ebenso bei Freddy Krueger.

Die Reaktion der Teilnehmer spiegelte den inneren Aufruhr wider, den wir jeden Tag in der Welt erleben, wenn wir mit Menschen und Situationen konfrontiert werden, von denen uns beigebracht wurde, dass sie »nicht in Ordnung« sind. Aber nun kommt der springende Punkt. Wir hatten nicht gefragt: »Kann Ihr auf Angst basierendes Ego das auf Angst basierende Ego einer anderen Person lieben?« Und wir hatten auch nicht gefragt: »Können Sie über die auf Angst basierenden Handlungen dieser Person hinwegsehen?«

Stattdessen fragten wir: »Kann sich das Licht in Ihnen über die Angst erheben und das Licht in jener Person sehen und lieben, selbst wenn es sich bei ihr um den abscheulichsten Verbrecher auf Erden handelt? Können Sie die Liebe in diesem Menschen lieben, wie sehr sie auch hinter Schlechtigkeit und Gewalt verborgen sein mag? Sind Sie gewillt zuzulassen, dass Ihr höheres Selbst sein höheres Selbst sieht und anerkennt?«

Anders formuliert: <u>Wir richteten unseren Blick nicht auf die Sünde oder die Gebrochenheit oder das Böse.</u> Wir sahen auf die Liebe – auf die Art von Liebe, die nicht durch die Verpackung definiert oder begrenzt ist, in der sie sich aufhält.

Diese Bilderkartenübung rief extreme Reaktionen hervor, weil die Personen, die wir zeigten, extreme Symbole sind. Aber die Fragen zur Liebe und zum Licht sind die gleichen, ob Sie nun einem Fremden in der U-Bahn begegnen oder Ihrem Nachbarn ein paar Häuser weiter. Sind Sie gewillt, Ihr Licht das Licht des anderen sehen zu lassen?

Und wenn nun meine Definition von Liebe anders aussieht als Ihre Definition von Liebe? Aha. Jetzt wird es wirklich interessant.

Manche gehen voller Begeisterung ins Fitnessstudio, während andere solchen Sport hassen. Manche halten die Jagd für barbarisch, während andre sie als Möglichkeit sehen, die Kreisläufe der Natur zu ehren. Unsere Entscheidungen sind nicht per se gut oder schlecht. Sie unterscheiden sich durch die Bedeutung, die wir ihnen geben.

Lassen Sie uns beispielsweise eines der am heftigsten debattierten Themen auf dieser Welt nehmen: das Töten. Als Gesellschaft haben wir möglicherweise logisch erscheinende Regeln dafür aufgestellt, wann die menschliche Rasse Menschen töten darf und wann nicht. Wenn man jemanden auf dem Schlachtfeld tötet, gilt das als ehrenvoll. Wenn ein Räuber jemanden während eines Einbruchs umbringt, so ist das gesetzlich strafbar. Die Tötung eines Verbrechers durch eine Hinrichtung auf dem elektrischen Stuhl wird von manchen akzeptiert. Wenn ein Kind in der Schule getötet wird, entfacht das eine nationale Protestbewegung, die eine Veränderung fordert. Das Abtreibungsthema hat einige Abtreibungsgegner dazu bewogen, aus Zorn über das Abtöten von Föten Erwachsene umzubringen.

Nun ist hier nicht von komplizierten Erlassen die Rede. Das Gebot »Du sollst nicht töten« ist denkbar klar formuliert. Doch wir finden noch immer Wege, um die Bedeutung, die wir ihm verleihen, zu rechtfertigen und zu verteidigen.

Wenn man einen Menschen tötet, dann ist er tot. Das Endergebnis ist immer dasselbe. Doch haben verschiedene Menschen ein unterschiedliches Verständnis von dem Gebot. (Und nebenbei bemerkt: Selbst wenn wir jemanden nicht physisch töten, können wir ihn mit aggressiven und wütenden Gedanken umbringen.)

Unsere Egos manipulieren Bedeutung, damit sie unseren Absichten entspricht und unsere Furcht oder unsere Schuldgefühle verringert. Das Leben erscheint so kompliziert, weil unsere Egos ständig Bedeutungen erzeugen und alles in »richtig« oder »falsch« einordnen. Sind Stoffservietten besser als Papierservietten? Liefert eine Religion alle Antworten? Ist der eine Anlageberater vertrauenswürdiger als ein anderer?

Im Gegensatz dazu ordnet Ihr höheres Bewusstsein allem nur eine Bedeutung zu: die Liebe.

Der Versuch, die von einem selbst definierte Bedeutung zu verteidigen und die Position einer anderen Person als falsch dastehen zu lassen, ist nicht weiterführend. Aber gemeinsame Absichten zu vertreten und Liebe in den Vergleich einzubringen, bewirkt etwas. Liebe ist der »gemeinsame Nenner« – der Punkt, an dem wir beginnen voranzukommen, und zwar gemeinsam und im Licht.

Wenn Sie nur Liebe sehen, erinnern Sie sich ständig selbst daran, wer Sie sind. Sie erkennen sich als ein liebendes und mitfühlendes Wesen.

Gleichwohl müssen wir im Auge behalten, dass Menschen immer ausgehend von ihrem gegenwärtigen Verständnis- und Erkenntnisniveau agieren. Jemand, der davon überzeugt ist, dass ein Alarmsystem für das gesamte Haus wesentlich für die Sicherheit der Familie ist, sieht in der Installation eines das gesamte Haus absichernden Alarmsystems einen Akt der Liebe. Wenn ein Mensch hingegen glaubt, dass ein Alarmsystem nicht erforderlich ist, weil Vertrauen einen besseren Schutz bietet, hält er jemanden, der ein Alarmsystem einbauen lässt, für einen Geldverschwender.

Nur Liebe zu sehen heißt nicht, so zu tun, als sei alles in Ordnung, wenn dem nicht so ist. Es bedeutet, sich aktiv dafür zu entscheiden, das Licht statt der Dunkelheit zu sehen, und die Sichtweise einzusetzen, die von dem eigenen höheren Bewusstsein und der eigenen Erleuchtung gespeist wird.

* * *

Nur Liebe sehen, das sagt sich leicht, nicht wahr? Aber wie kann einem das gelingen, noch dazu durchgehend?

Bitten Sie um die Heilung Ihrer auf Angst basierenden Gedanken davor, nur Liebe sehen zu wollen, denn Ihr Ego wird diese Art zu leben weder überzeugen noch wird es sie unterstützen. Beginnen Sie mit der Bereitschaft, nur Liebe zu sehen. Fahren Sie dann damit fort, darum zu bitten, dass die Ängste Ihres Egos geheilt werden, damit Ihr Weg frei wird.

Entwickeln Sie als Nächstes unterschiedliche Routinen, so, wie Sie es tun, wenn Sie beispielsweise Ihre Zähne jeden Tag mit Zahnseide reinigen oder wenn Sie alle Ihre Rechnungen am Monatsersten bezahlen. Nur Liebe zu sehen, ist eine Gewohnheit, die Sie mit der Hilfe des Heiligen Geistes entwickeln können. Wenn Sie ihn darum bitten, heilt er den Widerstand, den Sie durch Ihr auf Angst basierendes Denken empfinden.

Wie machen Sie daraus eine Gewohnheit? Beginnen Sie jeden Morgen damit, sobald Sie aufwachen. Danken Sie dem Heiligen Geist, Ihrem höheren Selbst und all Ihren Beziehungen. Konzentrieren Sie sich auf drei Dinge, für die Sie dankbar sind und die Schönheit und Liebe für Sie verkörpern. Erkennen Sie, dass alles die Bedeutung trägt, die Sie ihm geben. Beschließen Sie daher, dass die Außenwelt Liebe bedeutet, nicht Angst.

Verändern Sie Ihre Sichtweise, sodass Sie mit Ihrem höheren Bewusstsein statt mit Ihrem Ego sehen. Das bedeutet, Sie betrachten jede Situation mit der Fragestellung »Wo ist dort die Liebe?«, »Was sind die Geschenke?«, »Worin besteht die Lehre, die man daraus ziehen kann?«, »Wie kann ich mit Mitgefühl statt mit Verärgerung reagieren?«.

Wenn Sie beispielsweise von Ihrem Ego aus auf einen Baum blicken, denken Sie möglicherweise an die abgebrochenen Zweige, die Sie nach jedem Sturm aufsammeln müssen, und an die Blätter, die Sie im Herbst zusammenzuharken haben. Betrachten Sie den Baum hingegen mit einem von Liebe erfüllten Bewusstsein, dann denken Sie an den Schatten, den er spendet, an den Duft der Blumen, die im Frühjahr unter ihm wachsen, und an die Schönheit, mit der er die Landschaft schmückt.

Der Baum hat sich nicht verändert. Verändert hat sich jedoch Ihr Bewusstsein, mit dem Sie die Dinge einordnen, und Ihre Wahrnehmung. Welches von beidem schenkt Ihnen mehr Frieden? Welches macht Ihnen mehr Freude?

Beginnen Sie jeden Tag mit der Bitte, für das höchste Wohl aller eingesetzt zu werden. Bitten Sie den Heiligen Geist darum, Sie dorthin zu bringen, wo Sie gebraucht werden, und Ihnen die Worte einzuflößen, die Ihrem Selbst und anderen helfen. Lösen Sie sich von der Frage, wann und wie diese Gelegenheiten auftreten mögen, und seien Sie zum Handeln bereit, sobald Sie den Schubs spüren.

Eine meiner Bekannten mischte sich beispielsweise in eine sich anbahnende Schlägerei ein, weil sie den Drang zum Eingreifen spürte, wobei sie die Angst durch Liebe unterbrach. Es geschah, als ein betrunkener junger Mann auf einer Party versehentlich das Bier von jemandem umstieß und im Begriff war, dafür einen Faustschlag zu kassieren. Als sie sah, was sich anbahnte, ließ sie sich nicht von ihrer eigenen Angst stoppen. Stattdessen ging sie hin und meldete sich mit ruhiger, warmherziger Stimme zu Wort. Innerhalb weniger Minuten hatte sie für den jungen Mann eine Heimfahrt organisiert, dem Angreifer ein neues Bier gekauft und eine gewaltgeladene Situation entschärft. Was gab ihr die

Zuversicht und den Schutz, das zu tun? Es war ihre Fähigkeit, in dem Augenblick nur Liebe zu sehen.

Ja, Ihr Ego wird sagen, dass ihr Handeln dumm war. Aber denken Sie daran, dass Sie ebenso eine spirituelle wie eine physische Existenz haben. Unterschätzen Sie niemals, was möglich ist, wenn Sie Ihre höhere Sicht mit der Bereitschaft verbinden, für das höchste Wohl aller eingesetzt zu werden.

* * *

Wie ist es, wenn man nur Liebe sieht? Hier ein paar beispielhafte Situationen, welche die Kraft veranschaulichen, die durch eine veränderte Sichtweise freigesetzt wird.

1. Sie haben etwas vermasselt. Zumindest findet das Ihr Ego, und es lässt Sie das nicht vergessen. Sie haben eine E-Mail mit derben Bemerkungen über eine Kollegin geschrieben und sie unglücklicherweise an die falsche E-Mail-Adresse geschickt. Sie landete bei … eben jener Kollegin.

Offensichtlich haben Sie nicht nur Liebe gesehen, sonst hätten Sie die E-Mail gar nicht erst geschrieben, aber das liegt in der Vergangenheit. Ihr Ego will Sie dorthin zurückbringen und auf Sie einprügeln. Aber wechseln Sie stattdessen zu Ihrem höheren Bewusstsein, sodass Sie sich darauf konzentrieren können, wie es jetzt ist, nur Liebe zu sehen.

Zunächst einmal bedeutet dies, dass Sie sich selbst gegenüber ehrlich eingestehen, warum Sie die Nachricht geschrieben haben und was die Kollegin in Ihnen ausgelöst hat. Denn Sie haben mit sich selbst gesprochen, als Sie die E-Mail verfasst haben. Machen Sie sich dann Ihre größte Stärke – Ihre Verletzbarkeit – zunutze und üben Sie Wiedergutmachung.

Sie könnten so etwas sagen wie: »Ich möchte mich für das, was ich geschrieben habe, entschuldigen. Was ich da formuliert habe, war ungehobelt, und, was noch wichtiger ist, es stimmte nicht. Ich hoffe, dass Sie mir verzeihen können.«

Diese Herangehensweise wird das Licht in Ihnen stärken, und plötzlich dient diese unangenehme Erfahrung einem Zweck: Sie weiten Ihre Liebe aus. Wie Ihre Kollegin reagiert, liegt natürlich bei ihr. Aber Sie können den Heiligen Geist bitten, die Situation für eine Heilung zu nutzen, sodass Sie beide mit Liebe auf sie blicken können.

2. Sie sind mit Freunden unterwegs, die alle ähnliche politische Ansichten haben. Das Gespräch wendet sich Klagen über die derzeitigen gewählten Politiker zu, und die Energie beginnt, zu steigen. Ihre Freunde debattieren nicht miteinander, denn sie sind ja schließlich alle einer Meinung. Stattdessen echauffieren sie sich gemeinsam, und was mit einer Unzufriedenheit begann, wird zu einer grenzenlosen Wut und Empörung über die von der Regierung getroffenen Entscheidungen und die politischen Verantwortlichen.

Sie kennen diese Art von Unterhaltung und wissen, dass sie noch Stunden fortdauern kann und sich mit weiteren Angriffen immer mehr steigert. Ihnen ist bewusst, dass die Zeit und die Energie auf andere Weise besser eingesetzt werden könnten, und deshalb schlagen Sie der Gruppe ein anderes Thema vor: »Also, ich habe eine Frage, über die ich kürzlich nachgedacht habe«, sagen Sie. »Und ich möchte gern wissen, was ihr darüber denkt. Wie wäre es, wenn wir uns die Führungskraft ausmalen würden, die wir gern im Büro hätten? Wie wäre die? Erzählt mir etwas über eure ideale Führungskraft.«

Das verändert das Gespräch und leitet die Energie um. Sie richtet sich nun darauf, etwas Neues zu erschaffen, statt etwas Nutzloses zu verstärken. Sie tun dies, weil Sie wissen: Wenn wir die Energie, die wir auf das Lamentieren über Bestehendes verwenden, stattdessen in Vorstellungen davon investieren, wie wir unsere Welt gern hätten, dann können wir alles wahr werden lassen. Wenn wir jedoch auf das konzentriert bleiben, was nicht funktioniert, dann bekommen wir nur noch mehr von dem, was nicht klappt.

Im weiteren Verlauf kann das Gespräch mit Ihren Freunden wieder in das vorherige Lamentieren zurückgleiten. »Ja, ich hätte gern Menschen mit Integrität. ... Etwas, das die Penner in der Regierung selbst dann nicht begreifen würden, wenn man es ihnen direkt unter die Nase hielte.«

Statt die Rückkehr der Unterhaltung zu einem erneuten Freisetzen negativer Gefühle zuzulassen, stellen Sie eine weitere Frage: »Integrität. Das ist ein wunderbares Wort. Was bedeutet es für euch?« Anders ausgedrückt: Sorgen Sie dafür, dass sich Ihre Gesprächspartner vorwärtsgerichtet äußern, statt sich rückwärtszuwenden.

Mit »Was wäre, wenn ...«-Fragen kann man Energie leicht umlenken, ohne naiv zu wirken oder zu bewirken, dass man als jemand abgetan wird, der den Kopf in den Sand steckt. Sie nehmen sich aus dem Fokus und geben den anderen die Möglichkeit, ihre eigenen Überzeugungen aus einer anderen Perspektive zu betrachten. Doch es wird wahrscheinlich noch immer mindestens eine Person geben, die einwirft: »Warum reden wir darüber, was wir gern hätten? Die Dinge werden sich niemals ändern. Wir leben nun einmal in einem einzigen Chaos. So ist das Leben eben.«

Es ist sinnlos, dagegenzuhalten oder dem oder der Betreffenden seine beziehungsweise ihre Einstellung ausreden zu wollen. Vermutlich hat die Person ihre Einstellung von anderen übernommen und sie selbst schon unzählige Male wiederholt. Doch dies ist der ideale Zeitpunkt, nur Liebe zu sehen, indem man das Licht in diesem Menschen bestätigt. Etwa, indem man antwortet: »Ja, die Dinge können manchmal chaotisch wirken. Aber ich habe beobachtet, dass du sie auf alle möglichen Weisen besser machst. Du erziehst und umsorgst deine Kinder vorbildlich, bist immer sofort da, wenn Freunde Hilfe brauchen, und du hast mich unzählige Male inspiriert. Vielleicht ist es dir nicht bewusst, aber du machst die Welt besser, und ich jedenfalls möchte dir dafür danken.«

Haben Sie es bemerkt? Das Licht ist gerade ein wenig heller geworden.

3. Sie blicken auf die Kriege, die rund um den Globus toben, und denken: »Wie könnte ich denn darin die Liebe sehen?«
Wenden Sie sich nach innen, sprechen Sie zum Heiligen Geist und sagen Sie: »Ich begreife nicht, warum dies passiert, aber ich weiß, dass du weißt, warum. Ich möchte diese Zusammenhänge als Ruf nach Liebe sehen, damit ich ein Teil der Heilung sein kann. Bitte dehne durch mich Liebe auf die Teile der Welt aus, die diese Liebe benötigen. Ich vertraue darauf, dass du sie zum höchsten Wohl aller einsetzen wirst.«

Nutzen Sie Ihre Fähigkeiten zur Visualisierung, um sich vorzustellen, wie die Welt mit Frieden und Licht und Liebe überschwemmt wird. Lassen Sie Liebe in Brennpunkte wie Nordkorea oder Syrien strömen. Sehen Sie, wie die Erde in eine Decke aus Liebe gehüllt wird.

Sie sollten wissen, dass dies real ist. Sie haben das Licht Ihrer Superkraft eingeschaltet, und das wird nicht vergebens gewesen sein.

* * *

Es mag unmöglich scheinen, nur Liebe zu sehen. Aber hier ist ein einfacher Weg, diesen Blick auf die Welt vollständig zu erfassen: Ich unterhielt mich mit einer meiner Kursteilnehmerinnen zu *Ein Kurs in Wundern*. Wir bezeichneten diese Teilnehmerin als Kursflüsterin, weil sie eine sanfte Art hat, Lehren aus *Ein Kurs in Wundern* in Gespräche mit ihren Mitmenschen einfließen zu lassen. Als sich beispielsweise eine Mutter darüber beklagte, dass ihre Kinder nicht zu Starfußballspielern wurden, sagte die Kursflüsterin: »Nun, vielleicht könnten Sie sie stattdessen einfach dazu ermutigen, das zu sein, was sie sind.«

Sehen Sie, was ich meine?

Sie hat ihrem Ego den Namen Igor gegeben. Und eines Tages stellte sie sich eine großartige Frage: Was wäre, wenn Igor mitten in einem schönen Tag einfach verschwinden würde?

Heiliger Bimbam. Ein igorloser Tag. Eine igorlose Welt. Können Sie sich das vorstellen?

Also Igor kann sich das offenbar nicht vorstellen und würde das auch nicht versuchen wollen. Aber Ihr höheres Selbst würde damit nicht zögern. Zunächst einmal weiß es, dass Igor noch nie irgendeine Macht hatte. Wenn Sie einen igorlosen Tag oder Augenblick erleben, werden Sie erkennen, dass die ganze Zeit Liebe und nichts als Liebe da war. Igor hat die Liebe nur unter seinem Umhang verborgen und Sie mit seinen Jonglierkünsten abgelenkt.

Das ist die einzige Geschichte, die es gibt, wie unterschiedlich die Oberfläche auch erscheinen mag. Wenn Sie nicht nur von Liebe umgeben sind, sie aber verkörpern, kann nichts als Liebe das Ergebnis sein. Warum also machen wir diesen Tag nicht zu einem igorfreien Tag und sehen das Prinzip der Liebe genau jetzt? Ohne Angst, ohne Urteil.

Und damit gelangen wir zu unserer nächsten Grundregel.

5.

Begegnen Sie Ihren Mitmenschen, ohne zu urteilen

Sobald Sie sich dafür entscheiden, nur Liebe zu sehen, können Sie darauf verzichten, andere zu beurteilen, und Menschen als das sehen, was sie sind. Wie beim Befolgen jeder Grundregel in diesem Buch profitierten am Ende alle, Sie eingeschlossen.

Dazu heißt es in *Ein Kurs in Wundern*: »Du hast keine Ahnung von der außerordentlichen Befreiung und dem tiefen Frieden, die sich einstellen, wenn du dir selber und deinen Brüdern völlig ohne jedes Urteil begegnest.«

Spüren Sie den Frieden, den diese Worte transportieren?

Was heißt es aber, anderen ohne jedes Urteil zu begegnen? Lassen Sie uns zunächst einen Blick auf den Gedanken des Einsseins werfen.

* * *

Wir hören das Wort »Einssein« häufig in Verbindung etwa mit dem Satz: »Es gibt hier nur einen von uns.« Aber wie können wir in einer Welt mit Milliarden Geburtsurkunden, Sozialversicherungsnummern und Führerscheinen alle eins sein?

Vielleicht kann es helfen, das Ganze folgendermaßen zu betrachten: Haben Sie je versucht, Luft von sich selbst zu trennen? Oder ein Sauerstoffatom zu fangen und in der Hand zu halten? Oder ein paar Sauerstoffmoleküle in einem Krug oder einem Ballon einzuschließen?

Der Sauerstoff findet immer wieder einen Weg zurück, um Teil der Atmosphäre zu sein, nicht wahr? Wie sehr Sie sich auch darum bemühen, ihn von all der anderen Luft zu trennen, er ist noch immer ein Teil desselben Ganzen.

Genauso ist es mit der Liebe – der göttlichen Liebe, die uns erschaffen hat, und der Liebe, die wir sind.

Unsere spirituellen Lehren sagen übereinstimmend, dass uns nichts von der Liebe Gottes – oder voneinander – trennen kann, weil wir, wie der Sauerstoff, stets ein Teil dieser Liebe sind. Jeder von uns und wir alle zusammen.

Es ist schwierig, dieses Prinzip zu begreifen, weil unser menschliches Bewusstsein so sehr an klar voneinander abgegrenzten Gestalten und Formen gewöhnt ist. Ihre Mutter scheint von Ihrer Tochter getrennt zu sein; ebenso Ihr Hund von dem Eichhörnchen, das er jagt. Sie und Ihre Schwester scheinen eigenständig und, bei gelegentlichen Meinungsverschiedenheiten, sogar weit voneinander entfernt zu sein. Schließlich hat jeder einen eigenen Körper, eine einzigartige Persönlichkeit und eine individuelle Geschichte.

Aber wir alle sind Teil derselben unermesslichen Atmosphäre der Liebe. Sie ist untrennbar, unbestimmbar und unveränderlich.

An diesem Punkt beginnen wir, zu verstehen, dass jeder in unserem Leben ein Lehrer für uns ist. Das gilt vor allem für jene Menschen, die uns herausfordern und uns Unbehagen zumuten. Sie sind unsere besten Lehrer, weil sie uns die Gelegenheit geben, das zu heilen, was in uns ist, nicht in ihnen.

Wir erkennen nun, dass es da draußen keinen Feind und nichts Fremdes gibt. Und das schließt Gott ein.

Wir begreifen auch, dass ein Urteil über andere einem Urteil über uns selbst gleichkommt und umgekehrt.

Und weil wir alle eins sind, kann ein Konflikt zwischen dem einen und einem anderen nicht existieren – außer im Bewusstsein des Egos. Das bedeutet, dass dieser Konflikt gar nicht wirklich vorhanden ist.

Hier ein paar wichtige Punkte zum Einssein und zu seiner Beziehung zu Vorurteilen:

Der Glaube an das Getrenntsein ist die Wurzel aller Angst.
Wenn wir an die göttliche Liebe glauben, dann anerkennen wir, dass wir aufgerufen sind, ohne Urteil über uns selbst oder andere zu leben und zu wissen, dass wir eins sind.

Wir wissen, dass wir eigentlich nicht urteilen sollten, aber wir tun es, ohne darüber nachzudenken, und zwar ebenso automatisch und unbewusst, wie wir atmen. Wir sehen das Foto einer Person und urteilen sofort aufgrund seiner Haar- und Hautfarbe. Wir sehen, in welchem Zustand das Auto einer bestimmten Person ist und treffen ein Urteil über ihren Charakter. Wir werfen einen Blick auf eine Tätowierung oder eine Burka oder auf das Buch, das jemand liest, und ziehen auf der Basis unserer zurückliegenden Erfahrungen Rückschlüsse und nicht aufgrund des Lichts dieses Menschen vor uns. Wenn wir durch die Brille des Urteils blicken, dann sehen wir diese Person gar nicht wirklich. Wir sehen einfach unsere eigenen Ängste, Unsicherheiten und Erwartungen, die wir auf unser Gegenüber und unsere Umwelt projizieren.

Deshalb sollten wir, wenn wir als spirituelle Wesen wachsen wollen, uns dessen bewusst sein, dass wir das Wesen der göttlichen Liebe selbst verneinen, wenn wir uns selbst und andere auch weiterhin aburteilen. Wir können nicht beides haben.

Die Welt würde sich augenblicklich ändern, wenn wir diese Zusammenhänge wirklich begreifen würden. Und Ihre gesamte Welt *kann* sich sofort ändern, wenn Sie damit beginnen, dies Tag für Tag umzusetzen.

* * *

Soll ich Ihnen verraten, wie man sich am schnellsten daran erinnert, wer man ist? Indem man seinen »Feinden« ein wenig Liebe schickt. Wenn Sie das tun, wissen Sie, dass die Liebe nicht außerhalb von Ihnen ist. Daher muss sie ihren Ursprung in Ihnen und in der Quelle aller Energie haben. Das bedeutet, dass Sie das Licht sind, dass Sie die Liebe sind.

Die Version des Ego von »Liebe deine Feinde« lautet: Tue es, obwohl sie möglicherweise auf dir herumtrampeln und dich übervorteilen. Nimm den höheren Weg und liebe sie trotzdem.

Aber das trifft es nicht. Treffender wäre: Liebe deine Feinde, sodass du dich an die Liebe erinnerst, die *du bist*.

Wollen Sie eine Welt, die eins ist? Dann werden Sie in sich selbst eins. Hören Sie auf, sich selbst durch Urteile, Selbstzweifel und Angst in lauter kleine Teile zu zerstückeln. Akzeptieren und lieben Sie alles an sich. Ohne Ausnahme.

»Wenn Sie darauf verzichten, zu urteilen, legen Sie alle Erwartungen ab. Sie lassen die Dinge und insbesondere die Menschen so sein, wie sie sind.«

Lieben Sie Ihre Haarfarbe. Lieben Sie Ihr Gewicht. Lieben Sie die Entscheidungen, die Sie getroffen haben – selbst die, die Sie inzwischen nicht mehr so treffen würden. Lieben Sie Ihre Fehler, Ihre Stimme, Ihre Stärken und das, was Sie als Ihre Schwächen betrachten. Lieben Sie Ihre Erfolge und das, was Sie für Fehlschläge halten. Lieben Sie das alles. Dann werden Sie unteilbar sein. Und denken Sie daran, welcher Frieden darin liegt.

Wir sehen die Menschen so, wie wir sie haben wollen. Der eine sieht beim Anblick eines Politikers einen Retter, einen aufrechten Bürger, einen vernünftigen Mann mit guten Ideen – zumindest teilweise, weil er zum »richtigen« politischen Spektrum gehört. Der andere blickt auf denselben Politiker und sieht einen Gauner und Manipulator in ihm, der nur auf den eigenen Vorteil bedacht ist – wenigstens teilweise deshalb, weil er in der »falschen« Partei ist.

Aber es geht sogar noch tiefer. Wir nehmen andere Menschen nicht nur als Reflexion unserer Überzeugungen wahr. *Wir machen andere zu dem, als was wir sie brauchen.*

So macht beispielsweise eine alleinerziehende Mutter ihren einstigen Ehemann zu einem Versager, um ihren Glauben zu verstärken, dass sie keine Unterstützung verdient hat. Sie betrachtet ihn als wertlos, und er hört auf, ihr Unterhaltszahlungen zu überweisen. »Siehst du?«, sagt sie zu einer Freundin. »Es lohnt sich nicht, Zeit mit dem Versuch zu verschwenden, irgendwelches Geld aus ihm herauszuholen. Er hat während der vergangenen drei Jahre keinen Finger für seine Tochter gerührt.«

In anderen Bereichen seines Lebens trifft ihr Ex-Mann möglicherweise verantwortungsbewusste Entscheidungen.

Aber er spielt die Rolle, die seine Frau ihm zugewiesen hat, weil sie dem entspricht, was sie von ihm erwartet.

Wir formen andere durch das, was wir in ihnen sehen. Dabei hat unsere Wahrnehmung in Wahrheit überhaupt nichts mit ihnen zu tun. Wir erzeugen einfach Merkmale, die unsere eigenen Überzeugungen verstärken.

Aus diesem Grund kann es vorkommen, dass ein Kind, das zu Hause Schrecken verbreitet, in der Schule der Liebling aller Lehrer ist. Und deshalb kann ein Kind, das als schwarzes Schaf in der Familie gilt, zum jugendlichen Leitbild werden.

Wie bereits gesagt, messen wir allem in unserem Leben eine Bedeutung bei. Aber wenn wir dies vom Wespennest einander widersprechender Wünsche aus tun, ordnen wir anderen Rollen zu, die unseren eigenen Ego-Wünschen entsprungen sind.

Nur wenn wir auf Urteile verzichten, können wir das Drehbuch für uns und andere löschen und allen ermöglichen, einfach das Licht zu sein, das sie sind.

Wir können nicht urteilen, weil wir nicht alle Fakten kennen. Unser Ego urteilt über andere aufgrund ihrer Hautfarbe, ihrer sexuellen Orientierung, ihrer Kleidung, ihrer Sprechweise oder der Entscheidungen, die sie treffen. Aber wir verfügen nicht über die erforderliche Kompetenz, um über irgendjemanden oder irgendetwas urteilen zu können, und zwar aus einem einfachen Grund: Wir sind unfähig, das große Ganze zu sehen. Eine zeitlose Geschichte aus dem Zen-Buddhismus veranschaulicht dies. Hier ist eine modernisierte Fassung:

Sie erkranken an einer Grippe. Das ist schlecht. Weil Sie krank sind, müssen Sie nicht auf vereisten Straßen zur

Arbeit fahren. Das ist gut. Weil Sie nicht zur Arbeit gehen, verpassen Sie ein Betriebsfest und ein damit verbundenes kostenloses Essen. Das ist schlecht. Weil Sie nicht im Büro sind, schmieden Ihre Kollegen Pläne für Ihre Geburtstagsfeier. Das ist gut.

Sie verstehen, was gemeint ist. Unser Ego ist schnell dabei, sich auf alles zu stürzen, was es als »schlecht« bezeichnen kann. Aber das betreffende Ereignis ist möglicherweise genau das, was erforderlich war, um uns die größte Freude zu bereiten. Wie es in *Ein Kurs in Wundern* heißt: »Urteilen ... wird von der Welt total missverstanden. Es wird ... mit Weisheit verwechselt und ersetzt die Wahrheit.« Unser Urteil stützt sich auf nicht schlüssige Kriterien, weil alles schlicht die Bedeutung hat, die wir ihm verleihen.

Um über irgendetwas urteilen zu können, müssten wir wie Gott sein, weil nur der Heilige Geist über alle Informationen verfügt. Und überdies gibt es sowieso nichts zu beurteilen. Wie könnten wir die Liebe und das Licht beurteilen?

Wenn Sie darauf verzichten, zu urteilen, legen Sie alle Erwartungen ab. Sie lassen die Dinge und vor allem auch die Menschen so sein, wie sie sind. Sie werfen das alte Gepäck in den Müll und begegnen allen Menschen, als würden Sie sie zum ersten Mal sehen, selbst wenn Sie sie schon Ihr gesamtes Leben lang kennen. Das erlaubt es Ihnen, eine neutrale Position einzunehmen – eine Position des Lichts. Sie wischen alles ab, was auf der Schiefertafel steht.

Sie lesen Kommentare von einem Senator, der den nationalen Schusswaffenverband unterstützt. Nicht urteilen.

Sie lesen Kommentare von einem anderen Senator, der den nationalen Schusswaffenverband scharf kritisiert. Nicht urteilen.

Sie durchdenken Ihre eigene Einstellung zum Thema und sind von Ihrem Standpunkt überzeugt. Nicht urteilen.

Kein Jubel, kein Hohngelächter, keine Zwischenrufe, keine Beschimpfungen, keine Selbstgerechtigkeit. Nur ein beobachtendes Beschreiben.

Sie wenden das Prinzip des Einsseins an und denken daran, dass wir alle miteinander verbunden sind. Aus diesem Grund wissen Sie, dass Sie auch mit den Senatoren aus beiden politischen Lagern eins sind.

Manche meiner Seminarteilnehmer zu *Ein Kurs in Wundern* haben wunderbare Wege gefunden, sich täglich an das Einssein zu erinnern. Wenn sie jemanden ansehen, denken sie: »Du hast Angst, gesehen zu werden, und mir geht es genauso.« Oder: »Du greifst andere an, und ich tue das auch.« Oder: »Du hast ein großes Herz, und das gilt auch für mich.« Oder: »Du bist Liebe und Licht, und das bin ich ebenfalls.«

Gut. Lassen Sie uns jetzt einen Sprung machen und uns vorstellen, dass wir das Gleiche über einen Todesschützen an einer Schule sagen.

Ich kann den Chor der Ego-Stimmen sagen hören: »Sind Sie verrückt? Ich soll Licht in jemandem sehen, der Kinder ermordet?«

Ja. Weil das Licht da ist. Zugegeben, es ist mit so viel Unrat und Angst zugeschüttet, dass Sie auf Ihr höheres Bewusstsein, Ihre spirituellen Augen umschalten müssen, um es wahrnehmen zu können. Aber es ist da.

Es kann nicht *nicht* da sein, weil diese Person ein Kind göttlicher Liebe ist, ebenso wie Sie. Der Unterschied besteht darin, dass Sie, wenn Sie vergessen, was Sie sind, Ihren Partner anschnauzen oder eine Riesenpackung Eis in sich hineinschaufeln. Als hingegen der Todesschütze vergaß, wer er ist, lud er sein Gewehr.

Das ist das Kennzeichen der Anwendung dieser Grundregeln: Sie begreifen, dass die beiden unterschiedlichen Angriffe, auch wenn einer erheblich finsterer wirkt als der andere, von demselben Ort der Angst ausgehen. Und beide verdienen Mitgefühl, Vergebung und die Erinnerung an das Licht.

* * *

Wie verändert sich Ihr Leben, wenn Sie das Urteilen aufgeben und Ihr Verstehen des Einsseins zu Ihrem Ausgangspunkt des Handelns machen?

- Sie werden ehrlicher, weil Sie ohnehin nie fähig waren, zu urteilen. Wenn Sie einen neutralen Standpunkt einnehmen, kann höheres Wissen Sie durchströmen.
- Sie unterbrechen das Entstehen reflexartiger Reaktionen und übernommener Vorurteile und erleben das, was sich wirklich direkt vor Ihnen abspielt.
- Sie spüren nicht länger den Schmerz, die Anstrengung und die Einsamkeit, die entstehen, wenn Sie über sich und andere urteilen.
- Ihnen werden die Gedanken bewusster, die Sie in die Welt senden, und Sie arbeiten zielgerichteter mit dem Heiligen Geist zusammen, um Botschaften auszusenden, die unterstützen, statt zu vernichten.
- Sie hören auf, von anderen Menschen zu verlangen, dass sie sich ändern, um Sie glücklich zu machen.

- Sie hören auf, andere Menschen zu hassen, die anders aussehen und leben als Sie.
- Sie betrachten die sozialen Medien als äußere Wiedergabe unseres Einsseins. So können Sie sie nutzen, um eine bessere Welt zu erschaffen, statt andere zu verurteilen oder zu beschuldigen, und müssen nicht mehr auf der Basis von Angst handeln.
- Sie erkennen, dass alle unsere Gedanken miteinander vernetzt sind. Sie transportieren ebenso viel energetische Schubkraft wie die sicht- und hörbareren Teile von uns. Aus diesem Grund können Sie nicht sich und andere in Ihrem Geist angreifen und dann hinausgehen und in den Obdachlosenunterkünften Essen austeilen und wirkungsvoll etwas für den Frieden tun. Verrichten Sie zuerst die innere Arbeit, und dann tragen Sie sie dorthin, wohin auch immer Sie gehen.

* * *

Wie also können Sie damit beginnen, nicht mehr zu urteilen? Hier ein paar erste Schritte:

Konzentrieren Sie sich auf dieses Zitat aus *Ein Kurs in Wundern:* »Friede meinem Bruder, der eins ist mit mir. Möge die ganze Welt durch uns mit Frieden gesegnet sein.« Nehmen Sie sich Zeit, darüber nachzudenken, und sagen Sie diese Worte in Gedanken zu allen, die Ihnen im Laufe des Tages begegnen – besonders zu jenen, die Ihnen in Ihrem Leben Probleme bereiten. Dies ist eine ideale Möglichkeit, auf die Wahrheit über das Einssein umzuschalten.

Setzen Sie sich jeden Tag still hin, und konzentrieren Sie sich auf die liebevollen Gedanken, Worte und Handlungen, die es in dieser Welt gibt. Ist es nicht merkwürdig, dass wir fraglos bereit sind, uns vom Herrscher Nordkoreas bedroht zu fühlen, aber nicht über die Menschen in diesem Land nachdenken wollen, die Liebe in die Welt tragen?

Wir lassen es wohl zu, dass uns die wütenden Worte eines Talkshowgastes kleinmachen – selbst dann, wenn wir uns die Show nicht ansehen. Aber wir denken nicht über die millionenfachen tagtäglichen Liebesbekundungen rund um den Globus nach.

Es ist nicht erforderlich, dass wir anwesend sind und jene Worte direkt hören oder das Lächeln sehen, damit sie auf uns wirken. Weil wir alle eins sind, spüren wir jedes wütende Wort, das irgendein Ego irgendwo herausschleudert. *Und* wir spüren all die Liebe.

Nehmen Sie jene Gesten der Liebe in sich auf. Bewahren Sie sie in Ihrem Herzen. Empfangen Sie ihre Geschenke. Spüren Sie, wie sie Sie daran erinnern, wer Sie in Wahrheit sind. Bedanken Sie sich für sie, und bringen Sie Ihre Dankbarkeit gegenüber Ihren Brüdern und Schwestern überall auf der Welt zum Ausdruck.

Während Sie still dasitzen, können Sie an vieles denken, etwa an:

- Mütter, die Ihren Babys ein Schlaflied vorsingen;
- Menschen, die am Telefon »ich liebe dich« sagen, bevor sie auflegen;
- Lehrer, die ihren Schülern auf die Schulter klopfen und sagen: »Gut gemacht«;

- Ladenbesitzer, die für den Tag ein Schild mit der Aufschrift »Geöffnet« an ihre Tür hängen und sich darauf freuen, ihre Kunden zu begrüßen;
- Menschen, die jemandem beim Überqueren der Straße helfen;
- Ärzte, die jemandem das Leben retten;
- Freunde, die Trost spenden;
- Gelächter;
- Töpfe mit Suppe zur Speisung Hungriger.

Die Liste könnte endlos fortgeführt werden, aber sie reicht aus, um zu veranschaulichen, um was es geht. Stimmen Sie Ihr höheres Selbst und Ihre innere Führung auf alle die positiven Ereignisse in dieser Welt ein. Und danken Sie dafür in dem Wissen, dass Ihre Dankbarkeit anderen dabei hilft, sich daran zu erinnern, wer sie als Teil der göttlichen Liebe sind.

Achten Sie auf Ihre Sprache. Unsere Worte können Einssein oder Trennung, Akzeptanz oder Aburteilung bedeuten. Es ist nicht schwer, den Schalter in die eine oder andere Richtung umzulegen. Wir müssen uns dessen nur bewusst sein, nach neuen Worten suchen und ihren Gebrauch dann einüben. Hier ein paar Beispiele:

- »Warum hast du das gemacht?« Die Frage klingt nach einem unmittelbaren Vorwurf, und sie soll bei der Person, an die Sie die Worte richten, bewirken, dass sie sich beschämt und klein fühlt, was letztlich bedeutet, dass *Sie* sich beschämt und klein fühlen.
  Legen Sie den Schalter um, und wählen Sie die folgende Formulierung: »Hilf mir bitte zu verstehen ...«

Einen so eingeleiteten Satz kann man respektvoll sagen. Sie weisen Ihrem Gegenüber keine Schuld zu. Sie setzen niemanden ins Unrecht. Sie bitten einfach um mehr Informationen. Diese Worte können zu einem Gespräch anregen, statt es abzuwürgen.

- »Das ist deine Schuld.« Dies ist der wackere Versuch des Egos, den Fokus auf das zu lenken, was falsch ist, und dann eine andere Person dafür büßen zu lassen.

  Legen Sie den Schalter zu folgenden Worten um: »Wie kann ich helfen?« Sofort entsteht Gemeinsamkeit, denn Sie signalisieren: Wir stecken hier beide drin. Sie bieten nicht an, das Problem zu lösen, aber Sie sagen: »Ich lasse dich nicht im Stich.«

- »Also, was wirst du tun?« Wieder wird mit dem Finger auf den anderen gezeigt mit einem kaum verhüllten Beiklang von: »Du bist auf dich allein gestellt.«

  Legen Sie den Schalter zu folgenden Worten um: »Was brauchst du jetzt?« Das sind Worte der Solidarität. Sie bedeuten: »Ich möchte, dass wir uns auf eine Lösung statt auf das Problem konzentrieren.«

Halten Sie sich an das Motto gewaltfreier Aktivisten. Es lautet: »Baue Beziehungen auf, statt nach einem Sieg zu streben.« Der Heilige Geist und das höhere Selbst tun genau das, während das Ego nur siegen will.

Zu siegen kann natürlich in zahlreichen unterschiedlichen Gestalten in Erscheinung treten. Es kann bedeuten, dem anderen zu zeigen, dass er schuldig oder nichtig ist oder Grund hat, sich zu schämen, oder dass man darauf beharrt, das letzte Wort zu haben.

Einssein hingegen zeigt sich nur auf eine Weise: Alle Beteiligten fühlen sich anerkannt und aufgerichtet. Wir können Einssein sogar beim Wettbewerb beobachten. Ein guter Sportsgeist bedeutet beispielsweise, dass das Gewinnerteam zwar mit der Trophäe nach Hause geht, zuvor aber dem anderen Team dazu gratuliert, ein respektabler Gegner gewesen zu sein.

Wenn Sie Alltagssituationen als Gelegenheiten betrachten, um Beziehungen aufzubauen statt um zu siegen, dann werden Sie sie in einem anderen Licht sehen.

Denken Sie an Veränderungen, die Sie gern in Ihrem Haushalt, an Ihrem Arbeitsplatz oder in Ihrer Gemeinde sehen würden. Halten Sie an Ihrer Vision fest, lösen Sie sich von dem Bedürfnis, zu gewinnen, und lassen Sie Ihre Fähigkeit, nur Liebe zu sehen, die Unterschiede und Trennungen beseitigen. Wenn Sie jemanden aburteilen wollen, dann stellen Sie sich vor, dass der oder die Betreffende direkt vor Ihnen steht. Segnen Sie die Person mit Ihrem Licht, und spüren Sie anschließend, wie Sie durch das Licht der betreffenden Person gesegnet werden.

Und denken Sie daran: Diejenigen, die andere nach unten ziehen, mögen eine Zeit lang eine falsche Macht ausüben, aber sie können sich nicht lange oben halten. Angst ist ein flüchtiger Lehrmeister, ein unzureichender Ersatz. Eine dauerhafte Veränderung kann man nur durch die Liebe erreichen.

Erkennen Sie, dass Sie Grenzen setzen und das nicht Hinnehmbare ablehnen dürfen, ohne jedoch zu urteilen. Wenden Sie sich zunächst nach innen. Werden Sie sich darüber klar, was richtig für Sie ist und was nicht, und legen Sie Ihre

Vorlieben und Grenzen fest. Sie müssen die andere Person nicht beurteilen oder abkanzeln. Sie sagen einfach, was Sie in Ihre Welt hineinlassen und was nicht.

Erzeugen Sie Eintracht, indem Sie über das Internet dankbare Energie versenden. Nehmen wir einmal an, dass Sie online Produktbeurteilungen lesen und dass eine von ihnen besonders hilfreich für Sie ist. Nehmen Sie sich ein paar Augenblicke Zeit, um auf den Namen der Person, welche die Rezension verfasst hat, zu blicken, und ihr Liebe zu schicken, wobei Sie wissen, dass der Heilige Geist sie für Sie überbringen wird. Bedanken Sie sich, und sprechen Sie Segenswünsche für die betreffende Person aus. Das wird Sie daran erinnern, wer Sie sind, und etwas benötigte Liebe durch den Äther schicken. Suchen Sie nach weiteren Möglichkeiten, das Internet zu einer Schnellstraße der Freundlichkeit und Wertschätzung zu machen.

Achten Sie darauf, wie schnell und automatisch wir andere Wahlmöglichkeiten aus dem Blickwinkel unserer eigenen Vorlieben betrachten. Sie gehen mit einer Freundin shoppen. Ihre Freundin probiert ein Kleid an, und Sie denken: »Ich würde so etwas niemals tragen.« Na prima. Sie sind schließlich auch nicht diejenige, die es gerade anprobiert. Oder Sie gehen mit einem Kollegen zum Essen und denken, nachdem Ihnen das Essen gebracht wurde: »Was, du tust Ketchup auf dein Sushi?« Die gute Nachricht lautet: Sie selbst müssen das nicht tun. Wir bewerten die Entscheidungen anderer nach unseren eigenen Vorlieben, statt die ihren zu respektieren. Jeder hat ein Anrecht auf seine eigenen Vorlieben. Ihre Aufgabe besteht darin, sich Klarheit darüber zu verschaffen, was Sie wollen, und auf der Basis von Selbstliebe darum zu bitten.

* * *

Wie sieht der Verzicht auf Urteile im Alltagsleben aus? Hier ein paar Veranschaulichungen:

1. Sie befinden sich an einem belebten Ort, etwa in einem Kino oder in einer U-Bahn. Sie blicken all die Menschen um sich herum an und denken: »Ich gehöre zu jedem hier, und sie gehören zu mir.«

Wenn Ihr Ego versucht, Ausnahmen zu machen, und sagt »Na gut, jeder außer dem Mann da mit der schmutzigen Jeans, der sich seit ein paar Wochen nicht rasiert hat«, dann sehen Sie das Licht in ihm. Blicken Sie wirklich in das Innerste dieser Person, und sehen Sie das Licht leuchten. Sie werden sich jedes Mal besser fühlen, wenn Sie das tun.

2. Sie gehen in dieselbe Kirche wie eine Frau aus dem Schulausschuss, deren Ansichten diametral entgegengesetzt zu Ihren sind. Ihr Ego beurteilt sie und ist ungehalten. Jedes Mal, wenn Sie sie sehen, beklagen Sie sich anschließend bei Ihrem Mann darüber und sammeln Beweise dafür, wie sehr sie Ihrer Gemeinde schadet.

Aber wenn Sie auf Ihr höheres Bewusstsein und das Licht, das Sie sind, umschalten, legen Sie das Urteilen ab und nehmen der Frau gegenüber eine neutrale Haltung ein, auch wenn Sie noch immer von Ihren Auffassungen überzeugt sind. Wenn Sie sie das nächste Mal in der Kirche treffen, könnten Sie sagen: »Ja, wir sind an manchen Punkten unterschiedlich. Aber ich respektiere Sie, und ich würde Ihre Ansichten gern besser verstehen. Wären Sie bereit, mit mir eine Tasse Kaffee trinken zu gehen?«

Sie wissen nicht, wie sehr Ihr Leben bereichert werden könnte, wenn Sie auf diese Weise handeln. Wenn Ihr Ego sagt »Was soll das? Ich muss noch meine Wäsche machen«, dann erinnern Sie sich daran, dass Sie ein Vertreter des göttlichen Lichts sind.

Führen Sie sich vor Augen, wie wertgeschätzt sich jemand fühlt, wenn Sie so mit ihm sprechen. Denken Sie daran, wie gut der Kaffee schmecken wird. Malen Sie sich aus, was für eine aufschlussreiche Unterhaltung Sie haben werden. Vielleicht führt sie sogar zu Veränderungen, Gemeinsamkeiten, einem Überdenken von Strategien. Vielleicht auch nicht, aber in jedem Fall verbreiten Sie das Licht in der Welt, indem Sie einfach nur zuhören.

Es ist eben einfacher, aus der Entfernung zu urteilen, und viel schwieriger, wenn man jemandem direkt ins Gesicht schaut. Wenn Sie also annehmen, dass jemand Ihr Feind ist, dann sprechen Sie mit dem oder der Betreffenden. Der schnellste Weg, um Veränderungen in Ihrer Welt zu bewirken, besteht darin, das Gespräch zu suchen.

3. Sie sitzen im Flughafen und beobachten die Leute. Die meisten Ihrer inneren Kommentare lauten etwa so: »Flipflops? Echt jetzt? Es ist Winter. Haben ihre Eltern ihr nicht beigebracht, wie man sich kleidet? Und warum lassen diese Eltern ihre Gören hier rumrennen? Ich würde das meinen Kindern nie gestatten.«

Wenn Sie dergleichen denken, urteilen Sie über sich selbst und schütten das Urteil über anderen aus, damit sich

Ihr Ego besser fühlen kann. Sie sprechen einfach zu sich selbst.

Was bewirkt demgegenüber das Licht? Beginnen Sie ein Gespräch mit der Person neben Ihnen, und beobachten Sie, wie schnell Sie etwas Verbindendes finden können. Lesen Sie etwas, das Sie zum Lachen bringt. Senden Sie, während Sie die Nachrichten im Flughafenfernsehen sehen, allen Beteiligten Liebe.

Mit anderen Worten: Nutzen Sie Ihre Zeit besser. Denken Sie daran, dass das Ego Urteile als Rechtfertigung und Beschleuniger für alles verwendet, was wir verändern wollen, einschließlich Gewalt, Angriffe, Scham, Vorurteile und Armut. Wenn Sie also merken, dass Sie sich wegen des Zustands der Welt sorgen, handeln Sie, indem Sie sich Ihrer eigenen Urteile bewusst werden. Dann schließen Sie sie kurz, indem Sie darum bitten, dass Ihre auf Angst basierenden Gedanken geheilt werden, und entscheiden Sie sich für das Licht, das Sie sind.

* * *

Hier sind ein paar Aspekte im Hinblick auf das Urteilen, die Sie bedenken sollten:

- Selbstliebe und das Fällen von Urteilen über andere schließen sich gegenseitig aus.
- Wenn wir urteilen, ist unser Bewusstsein in der niederen Welt statt in der der höheren Ideale. Wir konzentrieren uns dann auf das, was uns trennt, und nicht auf das, was uns eint.
- Urteile verstärken den Glauben an das Getrenntsein und an das Andersartige.

117

- Wir verfügen nicht über die erforderliche Fähigkeit, irgendetwas beurteilen zu können. Unser Urteil über den Obdachlosen an der Ecke unterscheidet ihn von uns, und wir stellen Vermutungen über ihn an, die auf seinem Aussehen basieren. Dabei könnte er unser bester Lehrmeister sein. Wenn wir urteilen, entgeht uns das Wunder.

- Wenn wir alle Dinge so sein lassen, wie sie sind, ermöglichen wir es einem höheren Wissen, uns zu durchströmen, sodass wir die Geschenke in jeder Situation sehen können.

- Der Schmerz, die Angst, die Mühen und die Einsamkeit, die wir in diesem Leben fühlen, sind da, weil wir urteilen. Verzichten Sie darauf, zu urteilen, und in Ihnen kehrt sofort Frieden ein.

- Urteile entspringen einer Urangst und sind der Grund für den Glauben an ein Getrenntsein. Sie lassen Menschen, Dinge und Länder in einzelne Teile zerfallen, sodass wir sagen können, sie seien »anders«. Das gibt uns die Möglichkeit, sie auszuschließen oder uns ihnen überlegen zu fühlen. All dies sind lediglich Versuche unseres Egos, sich selbst besser zu fühlen.

- Ein Urteil über das, was andere Menschen tragen oder wie sie aussehen, entspricht der gleichen Teilungsenergie, die eingesetzt wird, um Kriege zu beginnen und Aufstände anzuzetteln. Je mehr wir uns auf das Einssein und den Frieden in unserem eigenen Bewusstsein konzentrieren, desto mehr werden wir zu einer umfassenderen Welt beitragen.

- Sie können andere nicht aburteilen und gleichzeitig ein gutes Gefühl sich selbst gegenüber haben. Ihr Ego mag sich in dem Moment überlegen fühlen, aber das ist lediglich ein vorübergehender Zustand. Die wirklich einzige Möglichkeit, Selbstliebe zu üben und diese bei anderen zu respektieren, besteht darin, das Licht, das Sie sind, zu kennen und sich dieses Lichts immer wieder zu entsinnen.

* * *

Also, was tun Sie, wenn Ihr Ego *unbedingt* urteilen will? Schalten Sie zunächst auf Ihr höheres Bewusstsein und Ihr inneres Licht um, und sagen Sie:

»Ich freue mich über unser Gespräch.«

»Ich betrachte dies als Möglichkeit, mich weiterzuentwickeln.«

»Ich werde mit dir zusammenarbeiten, um einen gemeinsamen Nenner zu finden.«

Wenn Ihnen das hilft, schütten Sie anschließend die Wut Ihres Egos über die andere Person oder Situation in einem nicht zum Abschicken gedachten Brief aus, sodass Sie sie aus Ihrem System herausbekommen. Das wird es Ihnen vielleicht ermöglichen, sich überlegter zu äußern, und freundlich und liebevoll statt angstbesetzt auf andere Menschen zu reagieren.

Versuchen Sie von anderen das Beste zu erwarten. Ich weiß, dass es unterhaltsam sein kann, seinen Lieblingsfeind fertigzumachen und sich über ihn lauthals zu beklagen. Aber für das Licht der Welt ist das nicht gut. Orientieren Sie sich an einem höheren Standard – nicht, weil Sie besser sind als andere, sondern weil Sie dadurch führen und authentisch sind.

Sehen Sie auf dem Weg durch Ihren Tag das Licht in den Menschen. Sehen Sie über ihre Körper hinaus. Sagen Sie zu sich: »Du bist Liebe, und ich bin es auch.«

Wenn Sie das tun, werden Sie feststellen, dass Sie sich liebevoll lösen können. Dazu mehr im folgenden Kapitel.

6.

Lösen Sie sich liebevoll

Wenn Sie auf Urteile verzichten, haben Sie möglicherweise das Gefühl, von einer Last befreit worden zu sein. Aber das ist nur der Anfang. Indem Sie sich an das Licht erinnern, das Sie sind, können Sie sich von ungesunden Verstrickungen – bewussten wie unbewussten – befreien, die Sie bisher gebremst haben.

Und wissen Sie, was geschieht, wenn Sie dies für sich selbst tun? Dann tun Sie es ganz automatisch ebenso für andere.

* * *

Stellen Sie sich Folgendes vor: Sie sitzen bei sich zu Hause in Ihrem Lieblingssessel. Ein Stück Schnur verbindet Sie und den Sessel. Es symbolisiert Ihre Verbundenheit mit dem Sessel, der zuvor Ihrer Mutter und deren Mutter und deren Mutter gehört hat.

Andere Schnüre verknüpfen Sie mit Ihrem Lieblingskaffeebecher, Ihrem neuesten Paar Schuhe und Ihrem auf dem Dachboden verstauten Schuljahrbuch. Werfen Sie jetzt einen Blick auf das Stück Schnur, das Sie und die Person verbindet, die Sie am meisten mögen, und auf die Schnur, die zwischen Ihnen und dem Menschen gespannt ist, mit dem Sie sich unter gar keinen Umständen zum Essen verabreden würden.

Außerdem gibt es Schnüre zwischen Ihnen und Ihren Lieblingsrollen im Fernsehen, den Websites, die Sie am häufigsten besuchen, und Ihren Lieblingsleckereien im Kühlschrank und in Ihren Küchenschränken.

Fühlen Sie sich bereits ein klein wenig angebunden? Warten Sie nur, es wird noch besser.

Es gibt auch noch Schnüre zwischen Ihnen und Ihrem bevorzugten Lebensmittelgeschäft, all den Apps, die Sie für sich heruntergeladen haben, den Nachrichtensprechern, die Sie am meisten und denen, die Sie am wenigsten mögen, sowie den Personen des öffentlichen Lebens, die Sie lieben und die Sie hassen.

Ergänzen Sie das Ganze um je eine Verbindungsschnur zu Haustieren, geliebten Menschen, alten Freunden und den Hochzeitsfotos auf Ihrem Esszimmerbuffet. Und vergessen Sie nicht die Schnüre, die Sie jeweils an jede Überzeugung binden, die Ihnen das Gefühl gibt, etwas Besonderes zu sein, sowie jene Schnüre, die eine Verbindung zwischen Ihnen und dem Restaurant herstellen, ohne das Sie nicht leben wollen, oder dem Song, den Sie sich im vergangenen Monat mindestens hundertmal angehört haben.

Es ist fast unmöglich, dass Sie, gebunden mit all diesen Schnüren, aus Ihrem geerbten Lieblingssessel aufstehen und unbeschwert durch Ihren Tag gehen – vor allem, weil

Sie noch durch Hunderte, wenn nicht gar Tausende weitere Schnüre an alles, jeden und alle Gedanken gebunden sind, auf die Sie sich im Positiven wie im Negativen stützen.

Es ist wichtig, zu betonen, dass es hier nicht nur um Vorlieben geht, sondern um Dinge, Menschen und Weltanschauungen, von denen Ihr Ego meint, sie seien für Ihr Glück und Elend verantwortlich. Beispielsweise das Haus, dessen Verlust Sie fürchten, weil es Teil Ihrer Identität ist. Oder das Büro, das Sie nicht aufgeben wollen, weil es Ihren Status widerspiegelt. Die Freunde, auf die Sie nicht verzichten mögen, weil Sie dann in den Nächten am Wochenende allein wären. Die unglückliche Ehe, in der Sie ausharren, weil Sie fürchten herauszufinden, wer Sie sind, wenn Sie allein sind.

Dies sind Anhaftungen, die unser Leben verkomplizieren und uns feststecken lassen. Sie halten uns ganz und gar in Verwicklungen gefangen, häufig mit Knoten, da unser Ego versucht, seinen Wert zu beweisen oder einen sicheren Hafen im Sturm des Lebens zu finden. Und sie sind ein Zeichen dafür, dass jemand die ihm als Licht der Welt innewohnende Kraft und Ganzheit vergessen hat.

Diese speziellen Ego-Anhaftungen wählen eine andere Person oder eine Sache aus, um etwas auszugleichen, von dem man meint, es fehle einem. Es ist die lebendig gewordene *Spiel-des-Lebens*-Szene mit dem Satz: »Du lässt mich ganz werden.«

Die Sache funktioniert so: Man projiziert entweder seine Schuld/Scham/Reue/Wut/Selbstzweifel auf jemanden, damit man sich für eine kurze Zeit besser fühlen kann, oder man baut bestimmte Erwartungen hinsichtlich des Verhaltens von jemandem auf. Wenn der andere diese Erwartungen dann nicht erfüllt, bricht einem die Welt zusammen, oder man benutzt den anderen als Entschuldigung für das eigene Verharren. Dazu ein paar Beispiele:

- »Meine Tochter ist in Algebra durchgefallen. Das ist mir unendlich peinlich.«
- »Die Welt ist ein Chaos, und schuld daran sind allein die Politiker.«
- »Mein Mann hat unseren Hochzeitstag vergessen. Was mache ich nur, wenn er mich nicht mehr liebt?«
- »Ich gebe keine Ruhe, bis mein Nachbar seinen Vorgarten in Ordnung bringt.«
- »Ich muss diese Beförderung bei der Arbeit bekommen, sonst hält mich meine Familie für einen Versager.«

Wenn Sie sich vor Augen führen, dass Sie das Licht der Welt sind, hängt Ihre Zufriedenheit oder Ihr Selbstwertgefühl dann von den Handlungen anderer ab? Nein, weil Sie die Zufriedenheit *sind*. Sie *sind* die Liebe. Sie haben alles, was Sie brauchen, und Sie sind alles, was Sie brauchen.

Betrachten Sie es einmal so: Eine Giraffe benötigt keine Leiter und ein Stachelschwein keine Rüstung. Und Sie wurden mit allen Merkmalen und Eigenschaften ausgestattet, die Sie sich wünschen. Sie finden sie in sich selbst, nicht im Verhalten anderer Menschen.

Das heißt nicht, dass Beziehungen unwichtig sind. Wir befinden uns in diesen menschlichen Körpern, damit wir Beziehungen eingehen können, denn so tragen wir die Liebe in die Welt. Aber wenn wir mit anderen auf der Basis ungesunder Anhaftungen kommunizieren, dann verbinden wir unsere Angst mit ihrer Angst und machen sie zu Geiseln, um selbst glücklich zu sein. Interagieren wir hingegen von einem Ort der Selbstliebe aus mit anderen, verbinden wir unser Licht mit ihrem Licht und mögen sie so, wie sie sind, statt so, wie unser Ego sie haben will.

Aber wie lösen wir uns von der Welt, ohne uns aus ihr zurückzuziehen? Hier ein paar grundsätzliche Zusammenhänge, an die man als Erstes denken sollte:

Wir machen uns von anderen Menschen abhängig. Als ich noch ein kleines Mädchen war, dachte ich, anheften sei schlau. Binde dich an deine Spielsachen, und lass niemanden sonst mit ihnen spielen. Häng dich an deine Freunde, und lass niemanden sonst dazukommen. Nimm deinen Hund in Beschlag, und beanspruche ihn ganz allein für dich. Irgendwie dazugehörig aufzuwachsen, gilt als gesund. Wir wollen uns binden. Wir wollen dazugehören. Wir wollen etwas haben, das wir unser Eigen nennen können.

Schließlich jedoch verdrängt das Bedürfnis Ihres Egos nach Liebe Ihren Glauben an Ihr Selbst, sodass Sie nach jemandem suchen, der Sie umsorgt und Ihnen sich selbst gegenüber ein gutes Gefühl gibt. Oder wenn Ihre Kinder heranwachsen und anfangen, eigene Entscheidungen zu treffen, die ihnen schaden könnten, dann schreiten Sie ein und versuchen, »zu ihrem Besten« die Kontrolle zu übernehmen. Das wird als Liebe begriffen, aber tatsächlich ist es angstmotiviertes Verhalten.

Vielleicht hängen Sie an einer Freundschaft, die nicht gesund ist, an einer Familie oder Kulturgeschichte, die Sie im Leid gefangen hält, einer Arbeitsstelle, die Ihre Kreativität erstickt, und an einem Gehalt, ohne das Sie meinen, nicht leben zu können, obwohl Sie sich jeden Morgen mit einem bedrückenden Gefühl im Magen auf den Weg zur Arbeit machen.

Wenn diese Bindungen Sie schließlich enttäuschen, was zwangsläufig geschieht, dann bleibt Ihnen nur die verzweifelte Suche nach der nächsten besonderen Beziehung, die Sie stützt und Ihrem Leben einen Sinn verleiht.

Das geht so lange, bis Sie auf die Idee kommen, nach innen und auf das Licht zu blicken, das Sie sind. Wenn Sie erkennen, dass all Ihre Bedürfnisse bereits durch die nie endende Zufuhr von göttlicher Liebe erfüllt sind – und das sind sie immer –, dann können Sie endlich damit beginnen, sich aus dem Netz von Bedürfnissen zu lösen, von denen Ihr Ego behauptet hat, dass Sie ohne ihre Befriedigung nicht leben können.

Wir machen uns von Ergebnissen abhängig. Denken Sie an Ärzte und Sozialarbeiter. Jeden Tag setzen sie sich für Menschen ein, die Heilung und Hilfe benötigen, und jeden Tag verlieren sie Patienten oder Klienten und bekommen neue hinzu. Was würde geschehen, wenn sie sich bei jedem, der in ihre Sprechstunde oder in ihre Klinik oder in ihre Praxis kommt, auf ein bestimmtes Ergebnis festlegten? Sie wären emotional deformiert, hin- und hergeschleudert durch die leid- und freudvollen Entwicklungswege anderer. Um leistungsfähig zu sein und zu bleiben, ist es für sie erforderlich in dem Wissen, dass ihre Patienten und Klienten ihre eigenen Entwicklungen vollziehen und ihren eigenen Lebensweg gehen müssen, ein Gleichgewicht zwischen Zuwendung und Distanz zu finden. Und was am wichtigsten ist: Sie wissen, dass keinesfalls immer sie über den Ausgang bestimmen.

Erwägen Sie, diese Haltung gegenüber einer Hochzeit in der Familie, der Nachlassregelung Ihrer Eltern oder der

Ausbildung Ihres Kindes an einer höheren Schule oder Universität einzunehmen. Ihr Ego wird von seinem begrenzten Blick auf die Situation aus versuchen, die Ergebnisse zu steuern. Aber das höhere Selbst vertraut darauf, dass der Ausgang von einer ganzheitlichen Perspektive aus betrachtet dem höchsten Wohl aller dient.

Wenn Sie sich liebevoll lösen, dann

- übertragen Sie nichts und niemandem die Verantwortung für Ihr Glück;
- verwenden Sie weniger Energie auf die Sorge, dass Sie verlieren könnten, was Sie haben, und verbringen mehr Zeit damit, die Menschen und Segnungen in Ihrem Leben zu genießen;
- vertrauen Sie darauf, dass sich der Heilige Geist der Dinge annimmt, die Sie nicht verstehen oder in Ordnung bringen können;
- hegen Sie keinen Groll und spielen alte Geschichten nicht wieder und wieder durch;
- nehmen Sie die Entscheidungen anderer Menschen nicht persönlich;
- werden Sie nicht von den Ängsten anderer Menschen gebeutelt; Sie stehen vielmehr in Ihrem eigenen Licht da, ohne sich den Kopf darüber zu zerbrechen, was andere Menschen über Sie denken mögen, und ohne einen Weg nachzuahmen, der zwar für andere der richtige sein mag, nicht aber für Sie;
- bewerten Sie die Menschen in Ihrem Leben nicht nach ihrem Titel und ihrer Beziehung zu Ihnen, sondern sehen Sie sie als die Kinder Gottes und als das Licht,

das Sie sind. Damit lösen sich Erwartungen und ungesunde Anhaftungen auf, weil Sie mit Liebe reagieren.
Diese Liebe unterscheidet sich von der ehelichen oder
mütterlichen oder geschwisterlichen Liebe – umgrenz-
te und eingeschränkte Formen der Liebe, die mit dem
Ego verbunden sind. Die losgelöste Liebe hingegen
entströmt ohne Bestimmung ihrer Erscheinungsfor-
men der Quelle;

- verpflichten Sie sich, am »Programm des Segnens und
Loslassens« teilzunehmen. Bitten Sie den Heiligen
Geist, sich zu beteiligen; dann segnen Sie jemanden
oder etwas in Ihrem Leben, lassen los und wissen, dass
Sie Ihr Licht ausgebreitet haben.

* * *

Wie können Sie damit beginnen, liebevoll loszulassen?

Legen Sie Ihre gesamte Zukunft in Gottes Hand. Im Kern
ist dies die größte Lektion in Sachen Loslösen. Verzichten
Sie auf die Vorstellung, dass Sie die Antworten kennen. Geben Sie das Bedürfnis Ihres Egos auf, Entscheidungen ohne
die Hilfe des Heiligen Geistes zu treffen.

Warum? Damit Sie Ihr Leben in der Freude am Augenblick verbringen können, statt sich um die Zukunft zu sorgen. Auf diese Weise erinnern wir uns daran, dass wir eins
sind mit Gott, und unser Geist wird geheilt.

Ich möchte Sie bitten, Folgendes zu tun: Nehmen Sie eine
kleine Schachtel oder Schüssel – dieses Behältnis steht für
die Hände Gottes. Stellen Sie es an einen besonderen Platz
in Ihrem Zuhause.

Nehmen Sie nun ein Blatt Papier, und schneiden Sie es in kleine Streifen, die etwa so groß sind wie die Spruchzettel in einem Glückskeks. Legen Sie die kleinen Zettel und einen Stift neben das Behältnis, und tragen Sie außerdem immer einige der Zettel bei sich, egal, wohin Sie gehen.

Jedes Mal, wenn Sie sich dabei beobachten, dass Sie über die Zukunft nachdenken – sei es mit Begeisterung, gespannter Erwartung oder Sorge –, schreiben Sie die entsprechenden Schlüsselworte dazu auf einen der Papierstreifen. Beispielsweise könnten Sie »Krankenversicherung«, »Feiertagsfeste«, »Erster Arbeitstag« oder »Leben im verlassenen Haus« schreiben. Notieren Sie gerade genug, um den Kern Ihres Gedankens an die Zukunft zu erfassen.

Legen Sie die Zettel anschießend in das Behältnis. Sagen Sie dabei zu sich selbst, Ihren Geistführern und Engeln sowie zum Heiligen Geist: »Ich lege die Zukunft in Gottes Hände. Ich bin es wert, all die Segnungen zu empfangen, die mich erwarten.«

Achten Sie auf alle Veränderungen, die Sie wahrnehmen, während Sie einen Zettel mit einem Zukunftsthema, mit dem Sie Gott betrauen, in das Behältnis legen. Dies ist die wahre Natur des Loslösens, das Ihnen die Freiheit gibt, das Licht zu sein, das Sie sind.

Folgen Sie dem Gedanken der liebevollen Loslösung aus Ihrem höheren Bewusstsein heraus, indem Sie sagen: »Ich vertraue darauf, dass das seelische Wachstum anderer Menschen eine Sache zwischen ihnen und Gott ist.«

Einer der wirkungsvollsten Tricks des Egos besteht darin, uns von unserem inneren Wachstum abzulenken, indem es aufzeigt, was alle anderen – einschließlich der erwachsenen

Kinder, der Kollegen, der besten Freunde und entfernten Cousins und Cousinen – tun sollten, um ein erfolgreicheres und glücklicheres Leben zu führen.

Andererseits erkennt unser höheres Selbst, dass jeder Mensch seinen eigenen Weg gehen muss, egal ob wir ihn verstehen oder nicht. Und ebenso wie wir selbst befinden sich die Menschen um uns herum in den überaus fähigen Händen des Heiligen Geistes, der sie auf die für sie erforderliche Art und Weise unterstützt. Aus diesem Grund führt Ihr höheres Selbst Sie mit Blick auf das, was sich gerade in Ihrem Leben abspielt, immer wieder sehr sanft zu Ihrem eigenen Wachstum zurück.

Wiederholen Sie still den erwähnten Gedanken – »ich vertraue darauf, dass das seelische Wachstum anderer Menschen eine Sache zwischen ihnen und Gott ist« –, während Sie durch den Tag gehen. Tun Sie dies besonders dann, wenn Sie spüren, wie Ihr Geist in das Drama anderer hineingezogen wird. Segnen Sie alle Menschen in Ihrem Leben, sehen Sie das Licht in ihnen und bitten Sie darum, dass Ihr eigener Friede bewahrt werden möge, sodass Sie diesen Frieden in sich tragen können, wohin auch immer Sie gehen.

Praktizieren Sie das, was in *Ein Kurs in Wundern* als »wahres Einfühlungsvermögen« bezeichnet wird. Das ist die Fähigkeit, den Arm um Menschen zu legen, die leiden, ohne von ihrer Qual vereinnahmt zu werden. Wenn Ihnen das gelingt, dann können Sie das Licht in ihnen bestätigen, das sie selbst nicht zu sehen vermögen.

Üblicherweise wird unter Einfühlungsvermögen verstanden, dass man sich in einen anderen Menschen hineinversetzt, sich also mit seinen Leiden und Mühen identifiziert.

Solch eine Haltung kann jedoch oft dazu führen, dass man den anderen als Opfer bemitleidet und beklagt, wie schlecht er oder sie doch weggekommen ist, und damit die Lasten des anderen noch vergrößert.

Wenn Sie jedoch wahres Einfühlungsvermögen üben, werden Sie sich in Situationen wiederfinden, in denen es wenig mehr zu sagen gibt als: »Ich glaube an dich. Ich weiß, dass du das schaffen kannst. Ich mag dich. Wie kann ich dir helfen?«

Jemandem zuzuhören, der sich in einem permanenten Rad der Angst dreht, ist weder für den anderen noch für einen selbst hilfreich. Das nochmalige Erzählen angstbasierter Geschichten vertieft lediglich einen bereits existierenden mentalen Trampelpfad und blockiert das Licht noch mehr. Sollen Sie sich also die Klagen und Sorgen eines Mitmenschen anhören?

Gewiss. Erzählen kann heilend wirken. Aber wenn Sie merken, dass die Person in ihrer negativen Geschichte feststeckt, besteht der richtige Einsatz von Einfühlungsvermögen darin, sie an ihr inneres Licht zu erinnern. Sie könnten beispielsweise sagen: »Es klingt, als seien die Dinge momentan wirklich schwierig für dich. Aber ich weiß, dass du einen Weg finden wirst. Es gibt keine Grenze für die Möglichkeiten einer Verbesserung der Dinge. Du bist größer als diese Herausforderungen.«

Wenn wir anderen diesen Freiraum aufzeigen können, helfen wir ihnen, sich an das Licht zu erinnern, das sie sind, und an die Stärke, über die sie in ihrem Inneren verfügen.

Sie sollten wissen, dass Ablösung sich manchmal unangenehm anfühlt. Ihr Ego wird Sie bestrafen und Sie kaltherzig und lieblos nennen. Es will sich rettend einbringen, damit es sich mit sich selbst besser fühlt. Aber das heißt, Vertrauen und die größere Macht durch das Ego zu ersetzen.

Sollen wir helfen? Natürlich. Aber wenn man es tut, weil man meint, die Welt retten zu müssen, dann verausgabt man sich und durchkreuzt möglicherweise eine bessere, göttlich gelenkte Lösung. Ähnlich wirkt der Versuch, die eigenen Überzeugungen anderen aufzuzwingen – etwa, wenn man jemanden, der an die Schulmedizin glaubt, dazu drängt, sich alternativen Behandlungsverfahren zu unterziehen oder umgekehrt. Rechthaberei bewirkt fast immer mehr Leid als Linderung. Helfen Sie, wann immer Sie darum gebeten werden, aber fungieren Sie als das Instrument des Heiligen Geistes, nicht des Egos.

Lösen Sie sich von Dingen und Menschen, wenn es an der Zeit ist, sie hinter sich zu lassen; halten Sie nicht zu lange an ihnen fest. Sie sind möglicherweise gern in die zweite Klasse gegangen, aber Sie können nicht Ihr ganzes Leben dort ausharren. Sie haben vielleicht Ihre hautenge rote Jeans geliebt, aber zu irgendeinem Zeitpunkt sind Sie aus ihr herausgewachsen. Wenn wir an allen den Menschen und Dingen in unserem Leben festhalten, weil wir meinen, wir würden möglicherweise die Gefühle unserer Mitmenschen verletzen, wenn wir weiterziehen, dann erdrückt uns die dadurch erzeugte Energie schließlich, und wir sind blockiert.

Ein liebevolles Lösen hilft Ihnen dabei sicherzustellen, dass Sie nicht in Beziehungen und Anstellungen verharren, die nicht mehr länger zu Ihnen passen. Ich habe alle möglichen verrückten Gründe erfunden, um weiterzuziehen, als würden die Worte »Ich will nicht mehr hier sein« oder »Ich habe das Gefühl, zu ersticken« oder »Du tust mir nicht gut« nicht ausreichen. Sie brauchen nicht erst die Erlaubnis eines anderen einzuholen, um zu wissen, was richtig für Sie ist. Seien Sie ehrlich damit, was (oder wer) Ihr Licht trübt und was es heller erstrahlen lässt, und entscheiden Sie sich dann für den Weg der Selbstliebe.

»*Praktizieren Sie ›wahres Einfühlungsvermögen‹ – die Fähigkeit, den Arm um Menschen zu legen, die leiden, ohne sich von ihrer Qual vereinnahmen zu lassen.*«

Trennen Sie sich von Überzeugungen, die Ihnen nicht mehr länger dienen. Wie oft hören wir beispielsweise, dass liebenswürdige Handlungen die Ausnahme und nicht die Regel sind? »Die Menschen kümmern sich nicht mehr umeinander«, beklagt sich das Ego. »Jeder ist sich selbst der Nächste!«

Krisen aller Art lassen das Beste in den Menschen hervortreten, aber unser Ego übersieht die Tatsache, dass es jeden Tag Millionen von Menschen gibt, die einander auf verhaltenere, unauffälligere Weise helfen, als das der Fall ist, wenn Nachbarn aus einer Flut oder Feuersbrunst gerettet werden. Wenn Sie alte Überzeugungen loslassen, können Sie die Beweise der Liebe besser wahrnehmen.

Fertigen Sie eine Liste mit all den Dingen und Beziehungen an, auf denen Ihr Identitäts- und Glücksgefühl basiert. Werden Sie durch sie definiert? Nein. Wären Sie, wenn sie verschwinden würden, noch immer das Licht, das Sie sind? Ja. Selbst wenn man Ihnen alles auf dieser physischen Welt nähme, Sie wären noch immer das Licht.

Strecken Sie die Hände aus, und helfen Sie einem Mitmenschen, ohne irgendwelche Erwartungen zu hegen. Tun Sie es ganz und gar aus Liebe, nicht weil Sie Bestätigung suchen, indem Sie ein Held sind oder versuchen, das Leben eines anderen Menschen in Ordnung zu bringen.

Widerstehen Sie der Versuchung, an Ihrem Leben herumzudoktern. Setzen Sie sich still hin und warten Sie ab, was der Heilige Geist tun kann, statt zu versuchen, Ihr Leben zu reparieren oder zu kontrollieren.

Sehen Sie sich an, wie viele Ihrer Anhaftungen durch Schuldgefühle befeuert werden. Dies erfordert eine ehrliche Bestandsaufnahme, und möglicherweise werden Sie über die Vielzahl Ihrer Schuldgefühle erstaunt sein. Beispielsweise gehen Sie zur Kirche, weil Sie sich schuldig fühlen würden, wenn Sie das nicht täten. Sie helfen ehrenamtlich im Klassenzimmer Ihres Kindes aus, weil das von Ihnen erwartet wird. Sie polieren Ihr Familiensilber, weil Ihre Mutter das stets gemacht hat, obwohl Sie es nicht benutzen und es lediglich in einer Schublade liegt.

Wie ein weiser Freund sagte, ist Schuld ein angemessenes Gefühl, wenn man etwas Falsches getan hat. Aber meistens fühlen wir uns schuldig, weil wir die Erwartungen anderer nicht erfüllen. In Familien, Kulturen und Religionen tragen Schuldgefühle viel dazu bei, die Menschen »auf Linie« zu halten. Fragen Sie sich: »Wo in meinem Leben lasse ich es zu, dass Schuldgefühle mein Licht einschränken?«

* * *

Wie sieht es aus, wenn man sich liebevoll löst? Hier ein paar Beispiele:

1. Sie haben seit vielen Jahren eine problematische Beziehung zu Ihrer Mutter, weil sie sich ständig über alles Mögliche beklagt. Laut ihr läuft in ihrem Leben nie irgendetwas richtig. Sie lästert über andere Menschen, beklagt sich über ihre Arbeit und äußert sich sogar negativ über ihre Geschwister, und zwar hinter deren Rücken – was bedeutet, dass sie auch hinter Ihrem Rücken negative Sachen über Sie sagt.

Ihr Ego will ihr ordentlich die Meinung sagen und hat mühe, ihr gegenüber höflich zu bleiben. Jedes Gespräch löst Erinnerungen an die Vergangenheit aus, und nach jedem Telefonat kochen Sie vor Wut. Sie fragen sich: »Warum ich? Warum habe ich ausgerechnet *sie* als Mutter bekommen, während meine Freundinnen Mütter haben, die sie wirklich mögen?«

Blicken Sie jetzt durch die Brille der liebevollen Ablösung, und betrachten Sie dieselbe Situation mit den Augen des Heiligen Geistes. Wie sieht die Lage aus dieser Perspektive aus?

Ihre Mutter leidet seit langer, langer Zeit unter schlimmen Angstzuständen. Sie hat sich in der Überzeugung ihres Egos – »Ich bin nicht liebenswert«, »Die Welt ist ein beängstigender Ort« und »Man kann niemandem trauen« – eingerichtet.

Alles, was sie sagt, spiegelt wider, was sie sich selbst gegenüber fühlt, und hat nichts mit Ihnen oder irgendjemandem sonst zu tun. Mit Liebe können Sie sich von dem Bemühen lösen, mit ihr abzurechnen, sie zu retten oder ihren Kummer nachzuvollziehen. Sie können sich auch von jeder Opferhaltung lösen und erkennen, dass sie Ihnen geholfen hat, zu dem Menschen zu werden, der Sie sind. Sie wissen, dass der beste Weg der Hilfe darin besteht, ihr über den Heiligen Geist Liebe und Heilung zu schicken und weiterhin das Licht in ihr zu sehen, wobei Sie auch wissen, dass Ihre Mutter selbst es nicht sehen kann.

Wenn sie Sie braucht, sind Sie da, um ihr zu helfen. Aber wegen Ihrer Selbstliebe und Ihres Respekts sich selbst gegenüber müssen Sie keine Gespräche führen, die nirgendwo hinführen. In solchen Fällen verlangen Sie freundlich eine andere Art von Gespräch mit ihr. Beispielsweise können Sie zu ihr sagen: »Mama, ich weiß, dass die Dinge nicht immer so laufen, wie du es gern hättest. Aber ich würde wirklich gern von ein paar positiven Dingen erfahren, die in deinem Leben geschehen.« Wenn sie nicht fähig ist, Ihrer Bitte zu entsprechen, dürfen Sie ihr ohne Schuldgefühle eine Fortsetzung des Gesprächs verweigern.

2. Jedes Mal, wenn Sie die Nachrichten lesen, hören oder sehen, fühlen Sie sich überfordert und wütend. Ein weiteres Tier wurde ausgerottet, ein weiterer Teenager hat Selbstmord begangen, nachdem er im Internet gemobbt wurde, ein weiterer Verbrecher ist davongekommen, weil die Gerichte ihre Arbeit nicht erledigt haben, oder ein weiterer terroristischer Anschlag hat zum Tod unschuldiger Zivilisten geführt.

Sie sehen keinen Weg aus diesem Fiasko, und Sie sind sicher, dass die Leute in den Machtpositionen nur auf den eigenen Vorteil bedacht sind. »Wo sind die verantwortungsbewussten Führungspersönlichkeiten?«, fragen Sie sich. »Wie kann das alles geändert werden?« Sie spüren, wie Ihr Blutdruck ansteigt und wie sich Ihr Körper durch den Stress verkrampft. Dann erinnern Sie sich an die Selbstliebe und das liebevolle Loslassen und konzentrieren sich auf das, was möglich ist, statt auf das Unmögliche.

Können Sie jedes Tier und jeden Menschen auf dieser Erde retten? Nein. Also lösen Sie sich von dem Gefühl der Verantwortung und der Hilflosigkeit, und stellen Sie stattdessen andere Fragen. Können Sie zum Beispiel eine Organisation unterstützen, die sich dem Schutz wild lebender Tiere gewidmet hat, oder haben Sie die Möglichkeit, Umweltschutzmaßnahmen zu unterstützen? Ja. Können Sie mit den Eltern der Freunde Ihrer Kinder darüber sprechen, dass sie das Mobbing auf deren Social-Media-Accounts überwachen? Ja. Können Sie Briefe an Ihre Abgeordneten schreiben, in denen Sie Ihre Ansichten über die Gesetzgebung und die internationale Sicherheit darlegen? Ja.

Sie sehen, dass Hoffnungslosigkeit die Art des Egos ist, uns in Untätigkeit verharren zu lassen, sodass wir keine positiven Schritte unternehmen. Aber wenn Sie sich von der Furcht lösen und sich stattdessen auf das konzentrieren, was im Bereich des für Sie Möglichen liegt, dann handeln Sie – gestärkt, inspiriert und von dem Licht geführt, das Sie sind.

3. Jemand, der Ihnen nahesteht, stirbt, und Sie müssen loslassen. Dies ist vielleicht die schwierigste Form der Loslösung, aber sie ist auch die wichtigste. <u>Sie bedeutet, die Wünsche der anderen zu akzeptieren, ihnen die Erlaubnis zum Gehen zu geben, sodass sie sich lösen, sobald sie dazu bereit sind, und anzuerkennen, dass wir nicht imstande sind, das große Ganze zu durchschauen.</u>

Eine meiner Freundinnen kennt zwei Menschen mit lebensbedrohlichen Erkrankungen und hat mit einem Heiler über ihre Prognosen gesprochen. Sie erfuhr, dass die Krankheiten bei beiden Freunden einem wichtigen seelischen Zweck dienen. In dem einen Fall handelt es sich um eine Freundin, der die Krankheit den Ausstieg aus dem Leben ermöglicht, den sie sich schon länger wünscht. Sie hat sich im Leben nie wertgeschätzt gefühlt, und im Sterben vermittelt ihr die Krankheit tatsächlich ein Gefühl von Kontrolle. In dem anderen Fall handelt es sich um einen Freund mit einem langsam wachsenden, remittierenden Krebs, der ihm den Weg eröffnet, seine spirituellen Anbindungen zu vertiefen. Die Krebserkrankung ermöglicht es ihm, seine Spiritualität in einer Form zu erforschen, die ihm anders nicht zugänglich wäre.

Beide Fälle zeigen, dass die Vermutungen, die wir aufstellen, und die Bedeutungen, die wir einer Sache beimessen, weit von der Wahrheit entfernt sein können. Darum hat es wenig Sinn, wenn wir etwas als »gut« oder »schlecht« etikettieren, ohne den Gesamtzusammenhang zu sehen. Wenn wir uns liebevoll lösen, erlauben wir ein seinen eigenen Regeln folgendes Seelenwachstum, das dem Licht und nicht der Angst dient.

* * *

Denken Sie daran: Loslösung heißt nicht, die Liebe fahren zu lassen. Vielmehr hat Loslösung ihren Ursprung in der Liebe, die andere befreit, statt sie einzukerkern.

Für eine liebevolle Loslösung konfrontiert man sich auf eine wenig vertraute Weise mit einer Situation – ohne Vergangenheit, Ballast oder Urteil. Ohne derartige Hemmnisse verfügen Sie über die erforderliche Freiheit, um die tiefere Bedeutung und die Lehren zu erkennen, die eine Situation enthält. Welche Geschenke macht Ihnen die Situation? Wie können Sie sie verwenden, um daran zu wachsen?

Wenn Sie deutlich den Unterschied zwischen den Sichtweisen des Egos und Gottes sehen, und wenn Sie begreifen, dass Sie selbst wählen können, durch welche Brille Sie die Dinge jeden Tag betrachten, werden Sie wissen, dass es nur eine sinnvolle Wahlmöglichkeit gibt.

Sie brauchen sich nicht abzumühen. Und mit dieser Erkenntnis ausgestattet, sind Sie bereit, sich über das Schlachtfeld zu erheben.

7.

Erheben Sie sich über
das Schlachtfeld

Wenn Sie nicht mehr durch ungesunde Anhaftungen gefesselt sind, können Sie über jede Situation emporsteigen, sie mit Ihrem Licht beleuchten und aus einer neuen Perspektive betrachten. So erheben Sie sich über Ihre Frustrationen und Sorgen, und Ihr Leben wird friedvoller. Damit helfen Sie zugleich auch der Welt, denn Sie tragen nicht mehr länger zur kollektiven Angst und zum kollektiven Chaos bei.

Darum müssen wir über die Angst in unserem Alltagsleben hinauswachsen, eine höhere Macht um Hilfe bitten, auf unseren Hang zur Rechthaberei verzichten und, so sehr das Ego auch protestieren mag, mit dem Kämpfen aufhören.

* * *

In *Ein Kurs in Wundern* wird das Schlachtfeld unseres Lebens als eine Mischung aus Drama, Chaos, Angriff und Verteidigung beschrieben, das unseren Geist und unsere Welt durchgängig beherrscht. Stellen Sie es sich als riesiges menschliches Schachbrett vor, das widerspiegelt, was in unseren Gedanken vor sich geht und in unseren eigenen vier Wänden, an unseren Schulen und am Arbeitsplatz ausgelebt wird. Was dort stattfindet, scheint real zu sein, aber es ist nur ein Abbild der Scharmützel in unserer auf Angst basierenden Gedankenwelt.

Jeder auf dem Schachbrett versucht, andere zu übervorteilen, ob es nun um die Übernahme eines Unternehmens oder ums Rechthaben geht. Die Spieler versuchen vorauszusehen, welche Züge ihre Gegner als Nächstes machen, welche Gefühle sie haben, in welchen Stimmungen sie sind und wann sie vermutlich angreifen.

Ein Mensch, der mit alkoholkranken Eltern aufgewachsen ist, weiß, wie unvorhersehbar solch ein Schlachtfeld sein kann. Als Kind hat er vielleicht gelernt, sich unsichtbar zu machen, um nicht ins Kreuzfeuer zu geraten.

Wer bereits einmal für einen tyrannischen Chef gearbeitet hat, kennt ebenfalls die Unwägbarkeiten der Ereignisse auf dem Schlachtfeld, wo man einen Augenblick lang der Liebling ist und im nächsten Moment um seine Stelle fürchten muss.

Aber das Schlachtfeld ist meist feiner strukturiert, als diese Fälle glauben machen. Etwa bei einer Ehe, in der man sich nicht wertgeschätzt fühlt, oder bei einer Freundschaft, die auf einem gemeinsamen Interesse basiert und die zerbricht, sobald man feststellt, dass die jeweiligen Weltanschauungen sich unterscheiden.

In jedem Fall sind die Züge auf dem menschlichen Schachbrett kräftezehrend, denn Ihr Ego, das die sich ständig verändernde Umgebung überprüft und nach verschiedensten Hinweisen sucht, befindet sich dabei ununterbrochen in höchster Alarmbereitschaft. Sind Sie sicher? Wer mag Sie und wer nicht? Wem können Sie es recht machen? Wen werden Sie enttäuschen?

Sobald Ihr Ego alle diese Daten in sich aufnimmt, interpretiert es sie negativ. Ihre Tante Sue hat Ihren Freund noch nie gemocht, also verhindern Sie beim Familienessen eine Begegnung. Eine alte Freundin hat Ihnen dieses Jahr keinen Weihnachtsgruß geschickt, darum streichen Sie sie von Ihrer Liste für das nächste Jahr. Ihr Abgeordneter spricht sich gegen ein Programm aus, das Sie unterstützen, deshalb greifen Sie ihn in den sozialen Medien an. Alle diese Aktionen erzeugen einen geschlossenen Kreislauf aus Angriff und Verteidigung, der sich wieder und wieder abspielt und aus dem es scheinbar kein Entrinnen gibt.

Aber das Schlachtfeld befindet sich nicht »da draußen«, sondern immer im Bewusstsein Ihres Egos. Vielleicht mag Tante Sue Ihren Freund tatsächlich nicht, aber Sie nehmen an, dass sie ihn ablehnt, weil Sie sich ihm gegenüber selbst nicht wirklich sicher sind. Möglicherweise hat die Freundin Ihnen deshalb keinen Weihnachtsgruß geschickt, weil sie beschlossen hat, ihr Leben zu vereinfachen, und es hat nichts mit ihren Gefühlen Ihnen gegenüber zu tun. Eventuell hatte der Abgeordnete legitime Gründe für seine Ablehnung, aber Ihr Ego hat sich darauf versteift, ihn ins Unrecht zu setzen.

Kurz: Die Welt greift Sie nicht an. Sie greifen sich selbst an. Und es gibt nur einen Ausweg daraus.

Ich wiederhole: Es gibt nur *einen* Ausweg daraus. Und der besteht darin, dass Sie sich über das Ganze erheben und von Ihrem höheren Bewusstsein aus leben.

Indem Sie das tun, gibt es keinen Grund mehr für Schuldzuweisungen. Sie müssen nicht mehr versuchen herauszufinden, ob mit Ihnen oder irgendjemandem sonst noch etwas nicht stimmt. Sie verschwenden keine Energie mehr darauf, sich an frühere Schuld oder Schande zu erinnern. Sie halten einfach inne, erinnern sich an das Licht, das Sie sind, und bitten den Heiligen Geist, Sie über das Schlachtfeld zu erheben und dorthin zu führen, wo es kein Drama gibt.

*»Die Welt greift
Sie nicht an. Sie greifen
sich selbst an.«*

Lassen Sie uns einen Blick auf vier zentrale Punkte werfen, die eintreten, wenn Sie sich über das Schlachtfeld erheben:

1. Der Kreislauf aus Angriff und Verteidigung wird beendet. Wenn Sie über das Schlachtfeld aufsteigen, verabschieden Sie sich von dem menschlichen Schachspiel. Sie haben nicht länger das Gefühl, dass andere es auf Sie abgesehen haben. Sie leiden also beispielsweise nicht mehr unter der Vorstellung, dass die Regierung, das Bildungssystem, Ihr Chef, Ihr Ehepartner oder jemand aus dem Freundeskreis etwas hinter Ihrem Rücken anstellt oder ein Ex-Partner Ihnen eins auswischen will. Ihr Verfolgungswahn löst sich auf und wird durch Frieden ersetzt.

Auf dem Schlachtfeld müssen Sie eine bestimmte Stellung verteidigen, und Ihr »Feind« strahlt etwas aus, das Ihnen wie eine gegnerische Stellung vorkommt. Dabei kann es sich um die Befürwortung oder die Ablehnung von allgemeinem Waffenbesitz oder von Sperrstunden handeln. Es kann sich auch um die Verteidigung der Pizza drehen, die Sie sich bestellen wollen, und sich damit in einen Kampf in Ihrem eigenen Bewusstsein verwandeln – es geht dann nicht mehr um die Frage, ob Sie Peperoni oder Salami auf der Pizza haben, sondern darum, warum Sie immer nur das bekommen, was andere Ihnen vorschreiben, und warum sich niemand für Ihre Wünsche interessiert.

Sie verausgaben sich im Kampf um Ihre Position nur, um die Situation zu beherrschen. Aber derartige Angriffsgedanken veranlassen Sie, diese grausame Welt zu fürchten – eine Auffassung, die mehr Schaden anrichtet, als uns bewusst ist. Alles, was wir einsetzen, um uns zu »schützen« – wie Waffen und Kriege –, schwächt uns in Wirklichkeit. Warum? Weil Licht keinen Schutz braucht. Sobald wir uns für einen Kampf wappnen, befinden wir uns sofort auf dem Schlachtfeld und haben vergessen, was wir sind.

Wenn Sie sich über das Schlachtfeld erheben, können Sie das Licht in jedem Menschen wahrnehmen und beginnen, Ihre »Feinde« zu lieben. Dann ist ein Waffenstillstand möglich, und der Kampf endet.

Für das Ego ist Frieden gleichbedeutend mit Kapitulation, und die muss um jeden Preis vermieden werden. Es wird seinen Platz auf dem Schlachtfeld des Stolzes, der Sturheit, der Angst und der Orientierungslosigkeit verteidigen. Aber wenn Sie über das Schlachtfeld aufsteigen, sind Sie nicht mehr gezwungen, Positionen zu verteidigen. Sie konzentrieren sich auf die vereinigende Kraft der Liebe.

Indem Sie sich regelmäßig über das Schlachtfeld erheben, entwickeln Sie eine umfassendere Perspektive. Sie lassen sich nicht mehr in das Drama hineinziehen. Sie geben Ihren Platz auf dem Schachbrett auf und verlieren das Interesse daran, sich an dem Spiel zu beteiligen. Und wenn Ihr Ego die Hände in die Hüften stemmt, Ihnen penetrant in die Augen starrt und fragt »Und was wirst du jetzt tun?«, dann lächeln Sie, machen einen Spaziergang und sehen, wie viel besser die Welt im Licht aussieht.

2. Das Aufsteigen über das Schlachtfeld ermöglicht es Ihnen, den Kampf in Ihrem Bewusstsein aufzugeben. Ihr innerer Konflikt kann etwa so klingen: »Wie kann ich mich beweisen?«, »Warum um alles in der Welt habe ich das getan?«, »Niemand hat mich wirklich wahrgenommen, als ich klein war, und ich bin wütend über mich selbst, dass ich unsichtbar bin, obwohl ich diese Haltung um meiner Sicherheit willen eingenommen habe.«

Welche Beispiele gibt es also für das Einstellen des mentalen Kampfes?

Nehmen wir an, Sie ringen mit einem Problem an Ihrem Arbeitsplatz. Sie versuchen, bei Ihrem Chef zu punkten, aber offenbar wird nichts von dem bemerkt, was Sie tun. Bei diesem Kampf geht es nicht wirklich um Ihren Chef. Es geht vielmehr um Ihr Bedürfnis nach einer äußeren Bestätigung, die Ihnen Ihren Wert beweist.

Den Schlagabtausch, in den Sie verstrickt sind, haben Sie selbst erzeugt, auch wenn ihre Umwelt ihn fördert, und sie tragen ihn auf dem Schlachtfeld »Arbeitsplatz« aus. Sollen wir denn nicht für unsere Karriere kämpfen? Ist uns denn nicht beigebracht worden, dass jeder Aufstieg schwer ist?

Aber der Kampf, der sich in Ihrem Bewusstsein abspielt, ist kräftezehrend, denn egal, wie viel Anerkennung Sie von Ihrem Chef oder Ihren Kollegen auch erhalten, es wird nie genug sein. Selbst wenn das Ego bekommt, was es will, kämpft es weiter, indem es ein anderes Schlachtfeld und einen anderen Konflikt findet.

In seinem Wahngespinst aus Angriff und Verteidigung ist das Ego selbst vor der Liebe auf der Hut. Darum betrachtet es Glück, Großzügigkeit und Zuwendung mit Misstrauen. »Worin besteht die geheime Absicht dieser Person?«, denkt es beispielsweise. »Was versucht sie, zu erreichen?«

Jetzt ist der geeignete Zeitpunkt gekommen, um die weiße Fahne zu schwenken. Kapitulation ist kein Zeichen von Schwäche. Sie ist ein Zeichen von Stärke, weil Sie die Vorstellung aufgeben, auf alles eine Antwort haben zu müssen und sich stattdessen führen lassen.

Und was geschieht dann? Sie kommen zu Ihrem höheren Selbst nach Hause. Sie erkennen, wie aussichtslos es ist, die Kontrolle über Ihr Umfeld und Bestätigung durch Ihr Ego erlangen zu wollen. Dann erinnern Sie sich daran, dass die Antworten in dem liegen, was für *Sie* richtig ist, und dass es jedes Mal, wenn Sie auf das vertrauen, was zu Ihrem Besten ist, auch dem Besten aller anderen dient.

Sie fangen an, ehrlicher zu sein. Und Sie setzen nun Ihre Energie ein, um Ihre Arbeit zu erledigen, und nicht mehr für das Ringen um Aufmerksamkeit. Sie sind mit dem, was Sie tun, zufrieden und brauchen die Anerkennung anderer nicht.

Ihr Schwert legen Sie nieder. Damit gestatten Sie es einer höheren Macht, Ihr Leben zu lenken. Genau jetzt bekommen Sie wahrscheinlich die Beachtung, nach der Ihr Ego immer gesucht hat, weil Sie nicht mehr so angestrengt danach streben – ein Akt der Angst, die das, was Sie wollten, von Ihnen ferngehalten hat.

Der Kampf spielt sich oft dann ab, wenn Sie ein mieses Gefühl sich selbst gegenüber haben, weil das Ego in solchen Momenten wild entschlossen ist, sich zu beweisen, oder sich in der Fötusstellung einrollt und Kartoffelchips isst. Von dieser Art Kapitulation ist hier jedoch nicht die Rede.

Bei der Kapitulation, um die es hier geht, erkennen Sie an, dass Sie die Antwort nicht kennen – und dass Sie sie auch gar nicht brauchen. Damit gelangen Sie sofort zurück in die Gegenwart, weil Sie Rechtfertigungen nicht mehr in der Vergangenheit oder Resultate in der Zukunft suchen müssen.

Den Kampf aufgeben heißt, jeden Wunsch danach, recht zu haben, sich zu beweisen, zu gewinnen, Sieger oder besser als andere zu sein, abzulegen. Aber es handelt sich nicht um eine wütende Resignation, begleitet von Emotionen wie: »Ich bin nicht wichtig, was ich empfinde spielt keine Rolle.« Vielmehr bedeutet der Verzicht auf Kampf, vertrauensvoll zu leben: »Ich muss nur mein Licht leuchten lassen und das reicht.«

3. Über dem Schlachtfeld lassen Sie alle Dinge so sein, wie sie sind. Wenn Sie sich über das Schlachtfeld erheben, üben Sie Akzeptanz und Geduld und geben Ihren Mitmenschen und sich selbst Zeit und Raum, um das Richtige zu tun.

Sie lassen Ihre Kinder zu dem heranwachsen, was sie sind, und bieten ihnen dazu Unterstützung und Führung an, nicht Härte. Sie hören anderen zu und lassen sie zu Wort kommen, weil Sie wissen, dass Gehörtwerden Einigkeit nach sich zieht. Und Sie arbeiten mit den höheren Energien zusammen und folgen ihrer Führung, damit Sie aufgrund neuer Perspektiven den Durchbruch erleben können.

So teilen Sie dem Heiligen Geist mit: »Ich habe hierauf nicht die passende Antwort, aber ich weiß, dass du sie hast. Ich lege mein Schicksal in deine Hände. Und ich werde meine Aufgabe erfüllen, die darin besteht, deine Führung und Gnade zu empfangen. Ich werde mit deiner Stimme sprechen, mit deinem Geist denken und mit deinen Augen sehen.«

4. Wenn Sie sich über das Schlachtfeld erheben, wird Ihnen bewusst, wie viel Zeit Sie damit verbracht haben, sich über Nichtigkeiten zu sorgen. Ein Beispiel: Eine meiner Klientinnen las einmal einen Bericht über ein Paar kurz vor dem Ruhestand. Das Paar hatte einen Kredit aufgenommen, um das Studium seines Kindes zu finanzieren, und konnte ihn nicht zurückzahlen.

»Ich will nicht, dass mir so etwas passiert«, sagte meine Klientin. Doch ihre Kinder haben das College erfolgreich abgeschlossen und können dank der klugen Finanzplanung meiner Klientin ihre Ausbildung bezahlen. Sie und ihr Mann sind außerdem von ihrem Ruhestand noch Jahre entfernt und verfügen über ein gutes finanzielles Polster.

Die Situation meiner Klientin war also in keiner Weise mit der in dem Bericht vergleichbar. Ihr Anspruch an sich war, als würde jemand sagen: »Ich habe einen Artikel über einen Barrakuda gelesen, der im Golf von Mexiko in ein Boot gesprungen ist und den Chihuahua des Bootsbesitzers gefressen hat. Ich will nicht, dass mir so etwas passiert.« Doch die meisten Menschen besitzen kein Boot, sie fahren nie angeln und sie haben auch keinen Chihuahua. Entsprechend gering ist die Wahrscheinlichkeit, dass dieser Fall jemals eintritt. Genauso verhielt es sich bei meiner Klientin. Doch ihr Ego wollte sich eben um *irgendetwas* Sorgen machen. Wie sonst sollte es seinen Wert beweisen?

Indem Sie erkennen, wie viele Dramen Sie auf dem Schlachtfeld Ihres eigenen Bewusstseins zulassen, begreifen Sie, wie oft Sie in der Zukunft leben und wie oft Sie Ihre Rüstung für Kämpfe polieren, die nie stattfinden werden.

* * *

Lassen Sie uns also darüber sprechen, wie Sie sich über das Schlachtfeld erheben können. Wie geht man dazu vor?

Malen Sie sich aus, dass Sie sich mitten in einer Auseinandersetzung mit Ihrer Teenagertochter befinden und den

Heiligen Geist bitten, Sie aus dem Ganzen herauszuheben, damit Sie die Situation aus einer anderen Perspektive sehen. Auf diese Weise verändert sich Ihr Blick, und Sie schalten um auf Ihr höheres Bewusstsein und sehen mit Ihren spirituellen Augen. Sie können also sich und Ihre Tochter dabei beobachten, wie Sie sich über Ihr Ausgehverbot und die Tatsache streiten, dass sie erneut dagegen verstoßen hat.

Statt sich zu wappnen, sich gegen Ihre Tochter behaupten und sie zum Gehorsam zwingen zu müssen, können Sie die Situation aus der Distanz betrachten und sagen: »Oh, sieh dir mal diese Mutter an. Sie liebt ihre Tochter sehr und hat große Angst um ihre Sicherheit. Außerdem fürchtet sie, dass sie ihrer Elternrolle nicht gerecht wird. Sie hat Angst, dass ihrem geliebten Mädchen etwas zustößt und dass sie dann nie mehr in Frieden leben kann, weil sie glauben wird, alles sei ihre Schuld und sie habe darin versagt, ihre Tochter zu beschützen.

Und sieh dir diesen Teenager an. Voller Hormone und Unabhängigkeitsbestrebungen und dem Willen, ihren Weg in der Welt zu gehen und zu beweisen, dass sie es allein schafft. Aber innerlich ist sie nur ein ängstliches kleines Kind, das eigentlich von ihren Eltern beschützt werden möchte, aber das Gefühl hat, so viel Liebe nicht zu verdienen. Sie hält sich für das schwarze Schaf der Familie. Darum muss sie sich so aufführen, weil sie es nicht zulassen kann, Liebe zu empfangen. Ihr fällt es leichter, ›Ich hasse dich‹ als ›Ich liebe dich‹ zu sagen, weil sie sich selbst nicht liebt.«

Stellen Sie sich vor, Sie wären in der Lage, das alles nicht nur zu sehen, sondern auch zu *fühlen*. Beide Seiten – die Liebe und die Angst. Wie beide Menschen ihr Bestes geben – allerdings unter der Ägide ihres Egos, obwohl sie Liebe als Ausgangspunkt wählen könnten.

Und da sind Sie und beobachten alles, ohne darüber zu urteilen. Kein Schwert, keine Pfeile. Lediglich einfaches Mitgefühl. Nun stellen Sie sich vor, dass Sie auf der Basis dieses Mitgefühls und dieses umfassenden Bildes zu Ihrer Tochter sprechen könnten.

Sie könnten sagen: »Wir haben ein Ausgehverbot verhängt, weil wir dich lieben und wollen, dass du in Sicherheit bist. Ich möchte ehrlich sein und dir sagen, dass ich, wenn dir irgendetwas zustieße, am Boden zerstört wäre, weil ich dich liebe und mir Sorgen mache. Und, ganz ehrlich, mit diesem Kummer und Gram könnte ich nicht weiterleben. Ich könnte nicht mit der Schuld leben, dass meine Nachlässigkeit verantwortlich dafür ist, dass dir am Ende doch etwas zugestoßen ist.

Darum erzwinge ich die Einhaltung dieses Ausgehverbots – für dich und auch für mich. Ich weiß, dass du erwachsen sein und das Licht sein willst, das du bist. Dazu gehört, dass du die Regeln in diesem Haus beachtest und dich selbst wertschätzt. Wenn du gegen das Ausgehverbot verstößt, steigt die Wahrscheinlichkeit, dass dir etwas zustoßen könnte, und ich will nicht, dass du in so eine Lage kommst. Und so sehr dein Ego Dramen liebt, du willst auch nicht in einer solchen Lage sein. Es geht nicht darum, ob ich dir vertraue oder nicht. Es geht darum, dass wir alle kluge Entscheidungen treffen und uns selbst und einander respektieren.«

Das ist etwas ganz anderes als einfach zu sagen: »Dies sind die Regeln, und entweder, du befolgst sie, oder dir blüht was.«

Nun behaupte ich nicht, dass es die Dinge immer sofort zum Besseren wendet, wenn man sich über das Schlachtfeld erhebt. Aber auf lange Sicht wird es das.

Dieses Verfahren können Sie auf jede Situation und jede Beziehung anwenden. Sich über das Schlachtfeld erheben, um Ihren früheren Ehepartner mit anderen Augen zu sehen. Sich darin üben, bei der Arbeit alles aus einer Perspektive oberhalb des Schlachtfelds zu sehen. Die Nachrichten sehen und sie aus der Vogelperspektive betrachten. Sobald Sie das Gefühl haben, in einen Kampf hineingezogen zu werden, atmen Sie tief durch, und bitten Sie den Heiligen Geist, Sie darüber zu erheben.

Halten Sie sich immer vor Augen: Es ist nicht Ihre Aufgabe, die Welt in Ordnung zu bringen, Sie sollen nur Ihr Licht in ihr leuchten lassen. Meine Freundin Dorothy sagt immer: »Du kannst in die Hölle hineingreifen, um jemandem zu helfen, aber geh da niemals selbst hinein.«

* * *

Wie ist es also, wenn man sich über das Schlachtfeld erhebt? Hier ein paar Beispiele:

1. Die Feiertage nahen, und Sie spüren, wie Ihr innerer Stresspegel steigt. Sie werden ein langes Wochenende mit Ihrer Familie verbringen, und das bedeutet, es werden wieder ungute Erinnerungen an Ihre Kindheit in Ihnen aufsteigen.

Wenn Sie sich auf dem Schlachtfeld befinden, wappnen Sie sich für einen Angriff. Sie umhüllen sich mit einer emotionalen Isolierung und bewegen sich in der Vergangenheit.

Dabei durchleben Sie erneut sämtliche schwierige Augenblicke aller bisherigen Feiertage voller Streit. Um sich auf Verletzungen und Kränkungen vorzubereiten, üben Sie schlagfertige Erwiderungen ein. Sie bedauern, dass jedes Jahr wieder die gleiche Wut langsam in Ihnen hochkocht, aber Sie wissen nicht, wie Sie die Feiertage durchstehen sollen, ohne sich für das Kommende zu wappnen.

Erheben Sie sich jedoch über das Schlachtfeld, dann eröffnet sich Ihnen eine neue Perspektive. Sie sehen jedes Familienmitglied als das Licht, das es ist. Ihre Rollen als Mutter, Vater und Geschwister fallen weg, und Sie sehen sie, genauso wie sich, nur noch als Kinder Gottes.

Sie erkennen, dass auch die anderen immer Angst gehabt und ihre eigene Kriegskleidung getragen und angegriffen und sich verteidigt haben, weil sie es nicht besser wussten. Doch wie Sie sind sie es leid. Der einzige Unterschied zwischen Ihnen und Ihrer Familie besteht darin, dass Sie sich daran erinnern, dass Sie das Licht der Welt sind, während Ihrer Familie das noch nicht möglich ist.

Von Ihrem Blick auf das Schlachtfeld aus schicken Sie jedem Familienmitglied Liebe und bitten Ihr Licht, das ihre zu segnen. Sie sehen, dass Sie nicht voneinander getrennt sind und dass nur bestimmte von Ihnen herausgebildete Anhaftungen Sie all die Jahre in dem Tanz aus Angriff und Verteidigung festgehalten haben.

Indem Sie sich loslösen und Ihre Verwandten aus einer anderen Perspektive sehen, befreien Sie sie, sodass sie sein können, wer sie sind. Sie wissen, dass die gegen Sie gerichteten Schamgefühle nur eine Spiegelung ihrer eigenen Angst waren. Sie befreien auch sich selbst, um ihnen Liebe schicken zu können. Und indem Sie das tun, senden Sie Liebe zu dem Haus, in dem das Familientreffen an den Festtagen stattfinden wird, sodass die Energie und das Licht der Liebe den Ort erfüllen werden, während Sie alle dort sind.

2. Bei Ihrem Ehemann wurde eine Krebserkrankung diagnostiziert, und es fühlt sich an, als habe Ihnen jemand den Boden unter den Füßen weggerissen. Von dem Augenblick an, in dem Sie die Information bekommen haben, sind Sie voller Angst um sein Wohlergehen und Ihre finanzielle Zukunft. Sie sind erfüllt von Gram bei der Aussicht, den Menschen zu verlieren, mit dem Sie eine tiefe Verbundenheit spüren, und Sie haben Furcht davor, Ihre Kinder allein großziehen zu müssen. Als Sie und Ihr Mann dann mit dem Arzt über die unterschiedlichen Behandlungsmöglichkeiten sprechen, sind Sie bereit, den Krebs auf Schritt und Tritt zu bekämpfen, ihn anzugreifen und Ihren Mann und Ihre Familie zu verteidigen. Sie fühlen sich dafür verantwortlich, alles wieder in Ordnung zu bringen und sicherzustellen, dass es allen gut geht. Das bedeutet, dass Sie die Gefühle aller sowie die Ärzte und Ihre eigenen Ängste im Griff haben müssen.

Wenn Sie sich über das Schlachtfeld erheben, ändert sich Ihre Sicht grundlegend: Ihr Gram und Ihre Sorgen werden durch Vertrauen gemildert. Sie wissen, dass in der Krebserkrankung eine Botschaft für Ihren Ehepartner steckt – und auch für Sie. Sie finden Frieden, indem Sie Liebe für Ihren Partner, Ihre Kinder und sich selbst auf das Schlachtfeld strömen lassen. Sie senden sogar der Krebserkrankung Liebe und danken ihr für die Geschenke, die sie mit sich bringt – etwa eine größere Nähe in Ihrer Familie oder die Chance, über das zu sprechen, was am wichtigsten ist. Sie geben den Kampf auf – also den Widerstreit, den Ihr Ego in Ihnen anzettelt.

Sie und Ihr Mann sprechen über die Krebserkrankung und darüber, was sie Sie lehren kann. In einer dieser Unterhaltungen erfahren Sie, dass Ihr Mann schon immer Angst davor hatte, jung zu sterben und Ihre Tochter nicht eines Tages zum Altar führen zu können. Gemeinsam bitten Sie darum, dass diese Angst geheilt werden möge, wobei Sie wissen, dass dies auch seinem Körper helfen wird. Die Krebserkrankung ist ein Zeichen der Trennung, darum ist es entscheidend für Ihren Mann und Ihre gesamte Familie, dass er in sich Ganzheit erlebt.

Statt den Krebs zu bekämpfen, lieben Sie ihn so, wie er ist, und Sie spüren, wie sich die Beklommenheit und der Stress legen. Ihr Mann folgt dem Behandlungsplan, aber jetzt liegt Ihr Fokus auf der Liebe statt auf einem Angriff. Dies erzeugt ein Umfeld, in dem jeder – auch Ihre Kinder – seine Gefühle zum Ausdruck bringen und gemeinsamen Frieden erleben kann. Kein Kampf und keine Flucht mehr. Stattdessen einfach Licht. Beachten Sie, dass der Schwerpunkt nicht auf den künftigen Ausgang, sondern auf der Liebe in diesem Augenblick liegt.

3. Sie haben die vergangenen sechs Jahre lang dabei geholfen, einen Gemeinschaftsgarten in Ihrer Nachbarschaft anzulegen und zu pflegen. Sie und weitere Ehrenamtliche haben die Ernte der städtischen Tafel und kirchlichen Organisationen gespendet, und das Areal ist zu einem sicheren Ort für nachbarschaftliche Zusammenkünfte geworden.

Jetzt will die Stadt das Land für Gewerbeimmobilien freigeben und seine Bebauung genehmigen. Sie und die anderen Freiwilligen wissen, dass dies gravierende Folgen für die Menschen haben wird, die auf die frischen Produkte aus dem Garten angewiesen sind, und dass es den nachbarschaftlichen Gemeinschaftssinn zerstören könnte.

Ihr Ego reagiert kampfbereit und beschuldigt sofort die »geldgierigen Raffzähne, die sich nicht um normale Leute scheren«. Indem Sie das tun, bringen Sie sich in eine Haltung von Angriff und Verteidigung und erzeugen ein Gefühl der Machtlosigkeit in sich. Wie sollten Sie einen Kampf gegen die Stadt gewinnen können?

Also erheben Sie sich über das Schlachtfeld. Sie bitten den Heiligen Geist, Ihnen eine andere Perspektive zu zeigen. Sie stellen sich vor, auf den Garten und die beteiligten Menschen von einem anderen Aussichtspunkt aus hinabzublicken, sodass Sie die Situation als Chance statt als Kampf mit einem Gewinner und einem Verlierer sehen. Sie vertrauen darauf, dass es mit der Unterstützung durch den Heiligen Geist eine unbegrenzte Vielzahl möglicher Ergebnisse gibt.

Von diesem neutraleren Standpunkt aus können Sie und die anderen Freiwilligen mit den Entscheidern der Stadt in einer nach Gemeinsamkeiten suchenden Haltung sprechen. Dies verringert nicht Ihre Leidenschaft, aber jetzt wird Ihr Zielbewusstsein vom Licht statt von der Angst angetrieben. Das ermöglicht es Ihnen, Fragen zu stellen wie:

- »Welchen Nutzen hat die Nachbarschaft von dem Garten?«
- »Welchen Nutzen würde eine gewerbliche Bebauung der Nachbarschaft bieten?«
- »Was schätzen wir?«
- »Was kann unser aller Zustimmung bekommen?«

- »Lautet die Lösung alles oder nichts? Könnte die Gewerbeimmobilie einen Garten einschließen? Könnte die Gartenfläche Raum für die gewerbliche Nutzung einschließen?«
- »Was ist der beste Weg, um diese Entscheidung zu fällen?«
- »Wie können die Anwohner mitbestimmen?«

Oberhalb des Schlachtfelds lässt sich wahrscheinlich ein versöhnlicheres und gemeinschaftlicheres Ergebnis erzielen. Vor allem verändert es Ihre innere Einstellung von »Ich werde niemals gewinnen. Die Welt ist gegen mich.« in »Ich zeige mich in meinem Leben als das Licht, das ich bin.«. Und das ist ein Gewinn für alle Beteiligten.

* * *

Hier ein paar weitere Einzelheiten, die Sie kennen sollten, wenn Sie sich über das Schlachtfeld erheben:

- Die auf Angst basierenden Gedanken, die das menschliche Schachspiel erzeugen, sind immer die gleichen, ob das Schachbrett nun Ihr Haushalt oder die globale Politik ist. Das Erheben über das Schlachtfeld funktioniert in jeder Situation, sei sie nun »unbedeutend« oder »bedeutend«, weil es immer in Ihrem Bewusstsein beginnt.
- Wenn Sie sich auf dem Schlachtfeld befinden, kann es den Eindruck erwecken, als wären die Lösungen begrenzt. Wenn Sie sich zum Beispiel um eine bestimmte Stelle auf dem angespannten Arbeitsmarkt bemühen, können Sie sich bereits entmutigt fühlen, bevor Sie

überhaupt mit Ihren Bewerbungen begonnen haben, weil sie zu wissen meinen, dass die Chancen schlecht für Sie stehen.

Aber wenn Sie sich über das Schlachtfeld erheben, erinnern Sie sich, dass Ihr Lebenslauf und Ihre Fähigkeiten als Netzwerker nicht die einzigen Dinge sind, die für Sie arbeiten. Der Heilige Geist ist der wahre Fundort für das, was Sie wollen, und er hat bereits die perfekte Stelle für Sie organisiert, auch wenn Sie das noch nicht sehen können. Sobald Ihnen Ihre Ängste nicht mehr im Weg stehen, kann eine höhere Macht Sie zu dieser perfekten Stelle führen – oder sie Ihnen gerade dann vermitteln, wenn Sie am wenigsten damit rechnen.

- Wenn Sie sich über das Schlachtfeld erheben, dann haben Sie mehr Geduld und Verständnis und helfen anderen Menschen auf sanfte Weise dabei, zu sehen, was Sie sehen. Nicht die eine richtige Antwort, sondern das Licht, das sie sind.

- Wenn Sie sich über das Schlachtfeld erheben, sehen Sie Ihre Bestimmung anders. Das Ziel besteht nicht darin zu gewinnen, sondern gemeinsam mit anderen zu wachsen und mehr Einigkeit auf der Welt zu erschaffen. Statt das Gefühl zu haben, dass Sie nicht dazugehören, erkennen Sie, dass Sie überall dazupassen, weil Sie nicht mehr das Richtige tun oder sagen müssen, um Ihren Platz auf dem Schachbrett aufrechtzuerhalten. Statt sich zu sorgen, ob Sie die Menschen in einem anderen Land oder einer anderen Nachbarschaft oder mit einer anderen Hautfarbe verstehen werden, erheben Sie sich über das Schlachtfeld, um zu erkennen, dass die Liebe eine universelle Sprache ist.

- Man erhebt sich nicht aus moralischer Überlegenheit über das Schlachtfeld. Es geht hier nicht um einen Wettbewerb darum, wer die bedeutendere Persönlichkeit ist oder den höheren Weg nimmt. Vielmehr befreit Sie das Aufsteigen vom Kampf und bietet Ihnen eine andere, umfassendere Sicht.
- Wenn Sie Ihr Leben begutachten, können Sie die unterschiedlichen Schachbretter identifizieren, die Ihr Ego für Sie eingerichtet hat.

Fragen Sie sich, um sie ausfindig zu machen: »In welchem Bereich meines Lebens habe ich den Eindruck, dass ich stets für oder gegen etwas kämpfe? Wann habe ich das Gefühl, mich oft verteidigen oder ständig etwas abwehren zu müssen? Wann will ich um mich schlagen? Welche Spiele, die sich alt und abgegriffen anfühlen, spiele ich mit mir selbst und anderen?« Bitten Sie, sobald Sie die Schlachtfelder entdeckt haben, darum, dass Ihre auf Angst basierenden Gedanken geheilt werden, sodass Sie Ihre Truppen zurückziehen und die Freiheit erleben können, die Ihnen der Frieden verschafft.

* * *

Die folgenden Gedanken und Äußerungen werden Sie über das Schlachtfeld erheben:

- Zum Heiligen Geist: »Ich weiß nicht, wie ich hiermit umgehen soll, aber ich weiß, dass du das kannst. Darum übergebe ich es dir und vertraue darauf, dass du es zum höchsten Besten aller Menschen erledigen wirst.«

- Zu einem angsterfüllten Menschen: »Ich weiß, dass du dich damit schon recht lange herumschlägst. Wie wäre es, wenn wir das Ganze einmal auf andere Weise betrachten würden?«
- Zu einer Person, die eine andere Haltung zum Leben hat als Sie: »Ich verstehe Ihren Standpunkt. Danke, dass Sie mir dabei geholfen haben, meine Ansichten zu erweitern und über eine andere Sichtweise nachzudenken.«
- Zu Ihnen selbst und dem Heiligen Geist, wenn Sie Selbstzweifel verspüren: »Ich weiß, dass es einen besseren Weg gibt. Bitte hilf mir, dies durch die Augen der Liebe zu sehen.«
- Zu jemandem, der Sie angreift: »Es tut mir leid, dass Sie eine schwere Zeit durchmachen. Lassen Sie es mich wissen, wenn ich helfen kann.«
- Zu Ihnen selbst, wenn Sie müde sind und sich zurück auf das Schlachtfeld gezogen fühlen: »Ich werde einen Spaziergang machen/mich hinlegen/einen Kaffee trinken/etwas lesen, damit ich mich an das Licht erinnern kann, das ich bin.«

* * *

Von einem Standpunkt über dem Schlachtfeld aus sehen Sie Einssein statt Trennung und Licht statt Dunkelheit. Sie sehen alle frei von ihren Rollen, Pfeilen und Schilden.

Sie sehen die tratschende Kollegin als junge Frau, die Angst vor ihrer eigenen Kraft hat. Sie sehen Ihre passiv aggressive Freundin als Kind, das sich immer unsichtbar gefühlt hat. Sie sehen, wie Ihr unglücklicher Sohn sich darum bemüht, die Erwartungen anderer zu erfüllen, statt auf sein höheres Selbst zu hören.

Das bedeutet nicht, dass Sie andere Menschen aufgeben. Im Gegenteil: Es bedeutet, dass Sie das Licht in ihnen mit wirklichem Mitgefühl sehen und diesen Raum für sie bereithalten, wenn sie es nicht selbst sehen können.

Mit der Einnahme der Vogelperspektive und der Absicht, mehr Frieden in Ihre Welt zu bringen, sind Sie bereit, die Probleme des Lebens auf eine ganz neue Weise zu lösen.

Bitte unterstütze
mich dabei, daß ich
mich über das Schlacht-
feld erheben kann ∇
☺
Ich bitte, mir eine
andere Perspektive auf-
zuzeigen!

8.

Definieren Sie Probleme neu

K ommt es Ihnen auch so vor, als würden uns die Probleme auf der Welt verschlingen? Es gibt so viele – finanzielle, ökologische, Beziehungs- und Gesundheitsprobleme. Es scheinen unzählbar viele zu sein.

Was wäre, wenn wir einfach darauf programmiert wären, viele Probleme zu sehen und uns von ihnen überfordert zu fühlen, aber diese Konditionierung von unserer Perspektive über dem Schlachtfeld aus verändern könnten? Was wäre, wenn ich Ihnen sagte, dass es laut *Ein Kurs in Wundern* nur *ein* Problem und nur *eine* Lösung gibt? Und was, wenn ich behauptete, dass diese Grundregel funktioniert, ob es sich nun um die Gesetzgebung für soziale Veränderungen oder ob es sich darum handelt, wie Sie Ihre Kinder dazu bringen können, ihre Anziehsachen in den Schrank zu legen?

Sie glauben mir nicht? Lassen Sie uns einen genaueren Blick darauf werfen.

* * *

Hier die im *Kurs in Wundern* vertretene Ansicht zu diesem Thema. Alles, was wir in unserem Leben als Problem betrachten, wurzelt in ein- und derselben Angst, im Glauben daran, dass wir von Gott abgeschnitten sind. Die einzige Lösung für dieses Problem besteht darin, uns daran zu erinnern, dass wir ebenso wenig von Gott wie wir von uns selbst oder voneinander getrennt sein können.

Was heißt das, wenn man *ein* Problem lösen will? Ein Beispiel:

Nehmen wir an, Sie haben eine Tochter, die von Ihnen erwartet, dass Sie deren Sohn, also Ihren Enkel, stets ohne vorherige Verabredung sofort beaufsichtigen. So sehr Sie Ihre Tochter und Ihren Enkel lieben – Sie haben andere Dinge geplant. Aber Sie haben so oft Ja gesagt, dass Ihre Tochter annimmt, ihr Ansinnen sei für Sie kein Problem.

Es wirkt so, als sei das Problem in Ihrer Tochter und in ihrer Erwartungshaltung begründet, aber tatsächlich sind Sie selbst das Problem. Sie haben ihr aus der Angst heraus, sie zu enttäuschen und keine »gute« Großmutter zu sein und bei einer Absage einen Konflikt heraufzubeschwören, immer zugesagt. Aus dieser Haltung spricht der Glaube an Trennung, denn sie wird hervorgerufen durch die Angst des Egos, dem Teil Ihres Bewusstseins, der meint, er wäre von Gott abgeschnitten und unbedeutend. Um Ihren Glauben als Liebe zu maskieren, haben Sie bei Ihrer Tochter diese Erwartungshaltung ausgelöst.

Sobald Sie sich daran erinnern, dass Sie eins mit Gott sind, ein Recht auf Selbstliebe haben und sich bei niemandem Liebe verdienen müssen, und sobald Sie von Ihrer Warte über dem Schlachtfeld aus einer anderen Perspektive gewinnen, werden Sie das Licht anerkennen, das Sie sind, und mit Ihrer Tochter sinnvolle Grenzen aushandeln. »Ich helfe gern, wenn es mir möglich ist«, könnten Sie sagen. »Aber es gibt Zeiten, in denen ich Nein sagen muss. Danke für dein Verständnis.« Möglicherweise hat sie *kein* Verständnis – zumindest nicht sofort. Aber wenn sie merkt, dass Sie bei Ihrer Entscheidung bleiben, wird sie andere Vereinbarungen treffen, und das »Problem« ist gelöst.

Hier drei wichtige Punkte, die Sie sich im Umgang mit Problemen und ihren Lösungen bewusst machen sollten:

1. Die Wurzel ist dieselbe. Manche der im Laufe dieses Buches aufgeführten Beispiele oder Szenarien mögen unbedeutend, andere bedeutend erschienen. Aber eines sollten wir uns stets vor Augen führen: <u>Alles, was aus Angst entsteht, entspringt aus derselben Angst</u>, ob es sich nun um eine flapsige Bemerkung oder um einen Mordanschlag handelt.

Das ist wichtig, denn bevor wir dies nicht wirklich begreifen, werden unsere Egos weiterhin angstbasierte Taten oder Worte damit entschuldigen, dass diese »doch nicht so schlimm« gewesen seien und es »weit größere Probleme auf der Welt gibt«. Es erscheint so, weil unsere Egos emsig jede Menge Probleme benennen und auflisten.

Die Konfrontation mit einem berufsbedingten Abgabetermin scheint etwas anderes zu sein als die verletzende Bemerkung einer Freundin oder ein Identitätsdiebstahl im Internet oder die Finanzierungseinstellung eines öffentlichen Programms, das Ihren Unterhalt als Künstler sichert. Aber es ist alles dasselbe.

<u>In all diesen Fällen betrachten wir andere Menschen als</u> die Wurzel unserer Probleme. Es ist Zeit, damit aufzuhören

und die wirkliche Ursache zu erkennen. Machen wir uns bewusst: Der einzige »Feind« ist der Glaube, dass wir nicht genug sind, und den tragen wir alle in uns. Aus diesem Glauben erwachsen unzählige Varianten von Scham, Vorwürfen, Wut, Ängsten und Verurteilungen, ein ganzes Bündel von »Problemen«, die aus derselben Wurzel sprießen und die wir allesamt auflösen können, wenn wir uns daran erinnern, dass wir das Licht sind.

2. »Also das ist etwas anderes« gibt es nicht. Überlegen Sie einmal, wie oft Sie schon Gespräche geführt haben, in denen Sie oder jemand anderes sagte: »Also das ist etwas anderes.« Beispielsweise hat ein Niedriglohnempfänger in einem Restaurant ein Paket Fleisch mit nach Hause genommen, das weggeworfen werden sollte, und wird wegen Diebstahls entlassen. Der leitende Manager desselben Unternehmens verwendet Firmengeld zum Kauf eines Boots, und es wird als Geschäftsausgabe betrachtet. »Also das ist etwas anderes.«

Ein von Ihnen unterstützter Politiker lügt hinsichtlich der Wahlkampfspenden, und Sie machen eine Ausnahme und sagen, das gehöre nun mal zu seinem Job. Ein Politiker der Gegenpartei lügt ebenfalls hinsichtlich der Wahlkampfspenden. »Also das ist etwas anderes.«

»Wir betrachten andere Menschen als die Wurzel unserer Probleme. Es ist Zeit, damit aufzuhören und die wirkliche Ursache zu erkennen.«

Bremsen Sie sich jedes Mal, wenn Sie bemerken, dass Sie sagen: »Also das ist etwas anderes.« Sie stellen Gründe zusammen, um mehr von der einen und weniger von der anderen Person zu erwarten; um die eine Person aus ihrer Verantwortung zu entlassen und gegen eine andere Groll aufzubauen; um über die eine Person zu sagen, sie könne nichts falsch machen, und über die andere, sie sei außerstande, das Richtige zu tun.

Solche Stellungnahmen kommen alle von Ihrem Ego, das Menschen eifrig als Freund oder Feind einstuft und sofortige und dauerhafte Trennungen erzeugt. Der Punkt ist, dass wir solche Einstufungen auf die Vorlieben und Ängste der Leute stützen, nicht darauf, wer und was sie wirklich sind. Ob man also als Drittklässler andere Kinder auf dem Schulhof verhöhnt oder als Erwachsener eine gesamte politische Partei verteufelt: Das Ego schließt sich immer einer Gruppe an, damit es andere nachdrücklich verurteilen und ausschließen kann. Die Trennung scheint real zu sein, und es entstehen »Probleme«.

Ich beispielsweise neige dazu, liberal zu wählen, und mein Mann konservativ. Wir könnten darin auf alle erdenklichen Weisen ein Problem sehen. Seine oder meine Ansichten sind falsch. Das Zweiparteiensystem in den USA ist eine Katastrophe. Die jeweils andere Partei ist nicht auf der Höhe der Zeit. Aber das reale Problem besteht nicht darin, wer recht und wer Unrecht hat. Es besteht vielmehr darin, dass wir glauben, wir könnten voneinander unabhängige Ansichten haben, voneinander getrennt sein und gegeneinander arbeiten.

Worin besteht die Lösung? Sie besteht darin, dass wir uns daran erinnern, dass wir niemals von uns selbst, voneinander oder von einer höheren Quelle getrennt sein können. Wie können nie von der Liebe getrennt sein. Licht kann sich nicht gegen Licht wenden.

Was passiert also, wenn einer oder beide von uns sich über das Schlachtfeld erheben und wir das Problem mit der Vorstellung angehen, dass wir zum selben Team gehören, auch dann, wenn wir unterschiedlicher Meinung sind? Das Resultat unterscheidet sich zutiefst von der Egomentalität des Gewinnens oder Verlierens. Immer wenn wir uns mit dem ganzen Team Menschheit statt nur mit einem bestimmten Teil von ihr identifizieren, kommen wir schnell bei Gemeinsamkeiten und einer Überparteilichkeit an, in der wir Frieden finden können.

3. Es gibt keine Trennung zwischen Ihnen und Ihrem Selbst, anderen Menschen und Gott. Vielleicht fühlen Sie sich von einem natürlichen Fluss der Fülle getrennt. Oder von Ihren eigenen Sehnsüchten. Oder von den potenziellen Klienten, denen Sie helfen könnten. Oder Sie fühlen sich von jeglichen Unterstützungsquellen abgeschnitten, seien sie menschlich oder spirituell.

Das tatsächliche Problem liegt in Ihrem Glauben, dass Sie von sich selbst, anderen oder einer höheren Quelle getrennt sind. Die Wahrheit ist, dass Sie von nichts davon abgespalten sein können. Darum besteht die Lösung darin, den Blick statt auf die physische Welt auf das zu richten, was echt und dauerhaft ist.

Echt und dauerhaft sind Liebe, Vertrauen, spirituelle Unterstützung und Verbundenheit. Stützen Sie sich also auf diese. Investieren Sie jeden Tag etwas Zeit, um sich wieder mit Ihrem Selbst, dem Heiligen Geist und Ihren

Mitmenschen zu verbinden. Suchen Sie den Kontakt zu den Menschen, die Sie unterstützen und die Sie inspirieren. Investieren Sie jeden Tag Zeit in Meditation und Besinnung. Arbeiten Sie mit Ihrem persönlichen Orientierungssystem, und vertrauen Sie darauf, dass es zu Ihren Gunsten wirken wird.

Anders gesagt: Wenn Probleme auftauchen, neigen wir dazu, uns zu isolieren und zu verkriechen, weil wir Angst davor haben, als Versager dazustehen, und weil unser Ego ohnehin nicht wirklich will, dass wir erfolgreich sind. Doch genau in solchen Augenblicken müssen wir uns klarmachen, was wir wollen, den Kontakt zu anderen suchen, Beziehungen aufbauen und uns daran erinnern, dass wir das Licht sind – und alle anderen ebenfalls.

* * *

Wie gelingt es uns, immer nur das *eine* Problem und die *eine* Lösung zu sehen?

- Tun Sie immer, wenn Sie ein Problem haben, alles, was Sie die Angelegenheit in ihrem Gesamtzusammenhang sehen lässt. Erinnern Sie sich als Erstes daran, dass Sie nicht von Gott getrennt sind, und bitten Sie um spirituelle Hilfe. Bitten Sie gleich jetzt um das, was Sie brauchen, und lauschen Sie auf die Antwort. Bitten Sie um Unterstützung und neue Perspektiven. Halten Sie sich vor Augen, dass Sie nicht von Ihrem Selbst getrennt sind. Also gehen Sie nach innen, und fragen Sie, was der höchste Ausdruck Ihrer Liebe und Ihres Lichts in dieser Situation sein könnte.

Welche Antworten Sie auch erhalten mögen – wenn Sie die entsprechenden Schritte unternehmen, um Ihre Verbindung zum Heiligen Geist, zu anderen Menschen und zu Ihrem Selbst zu fühlen, bringt Sie dies in Harmonie mit der Liebe und erleichtert die Sichtbarwerdung der Lösung.

- Sie sollten wissen, dass Angst halbiert und Liebe multipliziert. Wenn Sie finden, dass Sie an einem Mangel an Geld, Gesundheit, Beziehungen, Erfolg oder was auch immer leiden, dann konzentrieren Sie sich auf die Liebe in Ihnen und auf die Energie der Quelle, um das, wovon Sie zu wenig haben, zu vervielfachen. Bitten Sie darum, dass Ihre auf Angst basierenden Gedanken dazu geheilt werden, und konzentrieren Sie sich auf die Ausdehnung der Liebe.

Wenn Sie zum Beispiel glauben, dass es in Ihrem Leben nur eine Möglichkeit gibt, um an Geld zu kommen, dann folgen Sie der Programmierung des Ego statt der Liebe. Möglicherweise sagt Ihr Ego: »Ich kann nur durch meinen Beruf Geld verdienen.« Oder: »Die Geldmenge, die ich mir wünsche, kann nur zu mir kommen, wenn ich im Lotto gewinne oder wenn jemand stirbt, den ich beerbe.« Andererseits erinnert sich Ihr höheres Selbst daran, dass die göttliche Liebe Ihre Quelle ist und keine Grenzen kennt. Konzentrieren Sie sich darauf, die liebende Energie des Geldes zu vervielfachen, und gestatten Sie Gott, es Ihnen auf unzählige Weisen darzubieten.

- Stellen Sie eine Liste mit fünf »Problemen« in Ihrem Leben zusammen, und verfolgen Sie diese dann zu ihrer Angstwurzel zurück. In welcher Weise sind sie alle mit Ihrem Glauben an eine Getrenntheit verbunden? Wie kann Ihnen die Erinnerung daran, dass Sie eins sind mit Gott, dabei helfen, anders mit dem jeweiligen Problem umzugehen?

- Listen Sie in einer beliebigen Situation auf, was Sie wollen und was Sie nicht wollen. Zu Hause wünschen Sie sich vielleicht, dass Sie ein wenig Ruhe haben, dass jeder seine Sachen selbst wegräumt und dass sich die ganze Familie mindestens einmal die Woche gemeinsam zum Essen an einen Tisch setzt. Möglicherweise wollen Sie kein Gezänk, haben aber den Eindruck, jeden Tag allein die Wäsche machen, aufräumen und den Müll rausbringen zu müssen. Betrachten Sie Ihre Liste aus der Perspektive, dass es nur ein Problem und nur eine Lösung gibt. In welcher Weise ist Gemeinsamkeit die Antwort auf alle Ihre »Probleme«, und wie können Sie sie in Ihrer Familie aufbauen?

- Fragen Sie: »Was ist das Netteste, das ich für einen Mitmenschen tun kann? Und was ist das Netteste, das ich für mich selbst tun kann?« Diese Fragen heilen den Glauben an Getrenntheit, stellen Ihre Erinnerung an das Licht in Ihnen und in anderen wieder her und verlagern den Schwerpunkt von der Form des Problems hin zur Lösung. Diese Fragen funktionieren in jeder Situation und bei jedem Problem.

Sie funktionieren sogar bei Problemen, über die Sie keine Kontrolle zu haben meinen. Etwa bei Kernwaffen. Was ist das Netteste, das Sie gleich jetzt für sich in Bezug auf dieses Problem tun könnten? Bitten Sie darum, dass Ihre Ängste vor einer globalen Vernichtung geheilt werden. Sie wissen, dass diese Ängste nicht wichtiger oder unwichtiger sind als Ihre Ängste um die Abschlüsse Ihrer Kinder oder hinsichtlich der Demenz Ihrer betagten Mutter. Was ist das Netteste, das Sie für jemand anderen tun können? Bitten Sie darum, dass Liebe in jedes Land mit Nuklearwaffen strömt und auch in die Herzen der jeweiligen Regierung. Ihr Ego wird sagen, dass das nicht ausreicht. Aber was könnte kraft- und wirkungsvoller sein, als die grenzenlose Hilfe des Heiligen Geistes herbeizurufen, damit er vereint statt trennt?

- Fragen Sie sich, ob irgendetwas in Ihrem Leben aus dem Gleichgewicht geraten scheint oder sich nicht doch einfach nur in einem fairen Austausch befindet. Wenn Sie beispielsweise den Eindruck haben, nicht angemessen für Ihre Leistungen bezahlt zu werden, müssen Sie Ihre Vergütung erhöhen. Bitten Sie um eine Gehaltserhöhung oder handeln Sie eine andere Vereinbarung aus. Sonst praktizieren Sie keine Selbstliebe und lassen es zu, dass Ihr Leben im Ungleichgewicht ist, weil Sie glauben, Sie seien nicht ebenbürtig. Wenn Sie sich um die Probleme aller anderen und nicht um ihre eigenen kümmern, sorgen Sie nicht für einen ausgeglichenen Austausch. Wenn Sie noch spät an Ihrem Arbeitsplatz bleiben, um ein Projekt zu beenden, und ein Kollege die Lorbeeren dafür erntet, dann ist das kein faires Geschäft. Das Ungleichgewicht wird auch andere Bereiche Ihres Lebens beeinträchtigen. Blicken Sie unparteiisch auf Ihr Leben. Vielleicht ist es von zu viel Arbeit und zu wenig Muße geprägt; von zu viel Zeit mit anderen und zu wenig Zeit allein, in der Sie Ihre Batterien aufladen können; von zu vielen

Ausgaben und einem nicht ausreichenden Einkommen.

Erkennen Sie, dass das Problem stets dasselbe ist: der Glaube, dass Sie von Ihrem Selbst, von Gott und von Ihren Mitmenschen getrennt sind. Wenn Sie sich daran erinnern, dass Sie alle Teil desselben unteilbaren Lichts sind, werden Sie erkennen, dass fair zu sich selbst sein das Gleiche ist wie fair zu anderen sein. Das Gleichgewicht in Ihrem Leben wird ein Symbol des Einsseins, nicht der Trennung.

- Bitten Sie um das, was Sie wollen und brauchen, und vertrauen Sie darauf, dass Sie unterstützt werden. Nehmen wir an, Sie möchten eine Verabredung verschieben, damit Sie Zeit haben, ein Projekt ohne Stress zu beenden. Ihr Ego pocht sofort auf Getrenntheit. »Was wird er von mir denken, wenn ich absage?« Doch die richtige Frage lautet: »Was werde ich von mir selbst denken, wenn ich nicht um das bitte, was ich brauche? Was lehre ich mich selbst über meinen Wert?« Wenn Sie um das bitten, was Sie brauchen, machen Sie Ihren eigenen Wert geltend. Und wenn Sie Ihren eigenen Wert für Ihr Selbst beanspruchen, bekräftigen Sie ihn zugleich für alle anderen.

* * *

Wie sieht es im realen Leben aus, wenn man verstanden hat, dass es nur *ein* Problem und nur *eine* Lösung gibt? Die folgenden Beispiele veranschaulichen, wie Sie diese Grundregel auf Alltagssituationen anwenden können.

1. Sie haben seit der Geburt Ihrer Kinder zugenommen, und Ihr Gewicht sinkt nicht mehr. Wenn Sie in Ihren Schrank blicken, werden Sie wütend, deprimiert und beschämt. »Nichts passt mehr«, sagen Sie zu sich selbst. Und dann setzt Ihr innerer Monolog ein und zieht Sie immer mehr runter. »Ich bin hässlich. Man sehe sich bloß mal diese Fettrollen an. Wie konnte ich das nur geschehen lassen? Ich bin nicht mehr die, die ich einmal war. Ich will nicht, dass mich irgendwer sieht.«

Es ist klar, dass Sie sich von sich selbst getrennt fühlen. Sie sehen einen anderen Körper als früher, und darum wirkt es so, als wären Sie eine andere Person. Außerdem tadeln Sie sich und fühlen sich schuldig und beschämt.

Wodurch glauben Sie, von anderen getrennt zu sein? Sie entsprechen nicht den Erwartungen, welche die Welt hinsichtlich Ihres Äußeren hat. Sie wollen nicht, dass andere Sie so sehen. Sie denken, Sie könnten sich verstecken und hätten es nicht verdient, gesehen zu werden.

Und wodurch glauben Sie, von einer höheren Quelle getrennt zu sein? Sie glauben, Bestrafung zu verdienen. Sie glauben, Ihr Körper zu sein. Sie haben vergessen, dass Sie das nicht sind. Sie haben vergessen, dass Sie das Licht sind.

Inwiefern löst die Erinnerung daran, dass es nur eine Lösung gibt – dass wir alle eins und Sie das Licht sind –, das »Problem«?

Diese Erinnerung löst das Problem der Trennung von Ihnen selbst, weil Sie nun, wenn Sie Ihren Körper betrachten, Liebe und Mitgefühl mit ihm empfinden können. Sie werden nicht durch Ihren Körper definiert. Er ist lediglich ein Gefäß, das Sie benutzen, während Sie hier sind. Wenn Sie wissen, dass Ihre Identität und Ihr Selbstwert nicht davon abhängen, wie Ihr Körper aussieht, können Sie sich von dieser Vorstellung lösen und sich ohne die hochkochenden Ängste um ihn kümmern. Sie glauben, dass Sie Liebe verdienen. Darum hat Ihr Körper die Freiheit, wieder mit einem Gewicht ins Gleichgewicht zu kommen, das für Sie gesund ist.

Die Erinnerung daran, dass Sie das Licht sind, löst auch das Problem eines Glaubens an die Getrenntheit von anderen. Weil Sie sich nicht mehr länger verurteilen, fühlen Sie sich auch nicht mehr von der Welt verurteilt. Sie können sich wohl in Ihrer eigenen Haut fühlen, weil Sie über Gaben verfügen, die Sie mit anderen teilen können, und nicht wegen einer Zahl auf der Waage.

Und sie löst das Problem des Glaubens an die Getrenntheit von einer höheren Quelle. Sie erinnern sich daran, dass Sie das Licht der Welt und nicht Ihr Körper sind. Es gibt nichts, dessen Sie sich schämen müssten, weil es in der göttlichen Liebe keine Schande gibt. Als das Licht haben Sie Gesundheit, Wohlbefinden und Glücklichsein verdient. Und das ist nicht davon abhängig, wie viel Sie wiegen.

2. Sie werden gebeten, sich einer lokalen Gruppe anzuschließen, aber beim ersten Treffen dreht sich Ihnen der Magen um. Sie stehen hinter dem Anliegen der Gruppe, aber der von Anschuldigungen und Wut geprägte Ton des Gesprächs erzeugt ein Unbehagen in Ihnen. Sie sagen nichts, weil Sie die Leute bewundern. Außerdem sind Sie neu und wollen keinen Staub aufwirbeln.

Durch Gedanken wie »Ich genüge nicht. Ich habe kein Recht, meine Meinung zu sagen. Und vielleicht haben sie recht und ich unrecht.« fühlen Sie sich von sich selbst abgeschnitten.

Sie glauben auch, dass Sie von anderen getrennt sind, weil Sie fürchten, von ihnen verurteilt zu werden. »Ich will zu dieser Gruppe gehören, und möglicherweise werfen sie mich raus, wenn ich anderer Meinung bin.«

Und wenn Sie denken »Ich bin nicht wichtig genug, und deshalb spielt meine Meinung keine Rolle«, dann glauben Sie außerdem, von einer höheren Quelle getrennt zu sein.

Aber sobald Sie sich daran erinnern, dass es keine Trennung gibt, steigen Sie zu Ihrem höheren Bewusstsein auf und greifen auf die wichtigste Beziehung zurück, die Sie haben: die zu Ihrem höheren Selbst und zu einer höheren Macht. Sie bitten Ihre innere Führung, dass eine heilende Energie durch Sie hindurch und in den Raum fließen möge. Und Sie bitten um die Heilung Ihrer auf Angst basierenden Gedanken.

Das verleiht Ihnen das erforderliche Selbstvertrauen, sich klar und deutlich zu Wort zu melden und zu sagen: »Bei allem Respekt – ich würde gern eine andere Sichtweise darlegen.« Sie tun dies, ohne sich auf irgendein Ergebnis zu fixieren und mit der inneren Bitte, dass Ihre Worte dem höchsten Wohl aller dienen mögen. Ihr Augenmerk liegt nicht mehr darauf, ob Sie möglicherweise von anderen ausgegrenzt werden, sondern auf der Erinnerung an das Wichtigste: Ihrem Selbst treu zu sein. Wenn Sie das tun, setzen Sie sich einfach dadurch für Gemeinsamkeit ein, dass Sie sind, wer Sie sind.

3. Ihre unmittelbaren Nachbarn bauen einen Schuppen, der Ihren Blick auf das Grün hinter Ihrem Haus verändert.
Sie sind sich sicher, dass Ihre Nachbarn nie über die Auswirkungen dieser Maßnahme für andere nachgedacht haben, und Sie fragen sich, ob der Wert Ihrer Immobilie darunter

leidet. Jedes Mal, wenn Sie zum Schuppen sehen, merken Sie, dass Ihr Blutdruck steigt.

Wodurch fühlen Sie sich von sich selbst getrennt? Ihr Ego meint, keine Kontrolle zu haben, und der Schuppen wirkt wie ein persönlicher Angriff. Sie fühlen sich von Ihren Nachbarn getrennt, weil diese jetzt Feinde sind. Und Sie vergessen Ihr Einssein mit einer höheren Macht, indem Sie denken, Ihr Haus, Ihre Nachbarschaft und der Wert Ihrer Immobilie würden bestimmen, wer Sie sind und ob und wiefern Sie glücklich sind.

Wie also finden Sie eine Lösung? Ehren Sie Ihr höheres Selbst, indem Sie Ihr Kriegsbeil begraben, sich über das Schlachtfeld erheben und mit Ihren Nachbarn sprechen, als wären Sie im selben Team. Versuchen Sie, nicht einfach so zu tun, als sei der Schuppen kein Problem für Sie, weil Ihr Ego weiterhin aufgebracht sein wird. Finden Sie stattdessen heraus, was der Schuppen für Ihre Nachbarn bedeutet und wie sie ihn nutzen werden. Suchen Sie nach einer Möglichkeit, einen Vorteil für beide Seiten daraus zu machen. Vielleicht lassen sie Sie im Winter Ihren Rasenmäher dort einstellen, wenn Sie ihnen dabei helfen, den Schuppen zu streichen. Vielleicht können Sie ebenso viel Schönheit in Ihrer gegenseitigen Beziehung wie in dem einstigen Ausblick finden.

Es ist schwer, über etwas verärgert zu sein, in das man selbst etwas investiert hat – ebenso wie es schwer ist, Länder zu bombardieren, in denen eigene Verwandte leben. Also suchen Sie nach einer gemeinsamen Basis, und bitten Sie den Heiligen Geist, Ihr Gespräch – und auch den Schuppen selbst – zum Besten für alle einzusetzen.

* * *

Das Wissen, dass Gemeinsamkeit immer die Lösung ist, ermöglicht es Ihnen, Probleme auf ruhige, aber klare und überzeugende Art anzugehen. Denken Sie an die Freedom Riders der US-amerikanischen Bürgerrechtsbewegung, die gewaltfrei gegen die Rassentrennung protestierten. Bevor sie die Busse bestiegen, die sie in die Südstaaten fuhren, bereiteten sie sich darauf vor, auf mögliche tätliche Angriffe oder Inhaftierungen friedlich zu reagieren.

Denken Sie an Rosa Parks, die sich einfach weigerte, ihren Platz in einem Bus zu räumen. Denken Sie an Gandhi, der sich friedlich gegen die Herrschaft der Briten erhob. Bürgeraufstände müssen nicht bedeuten, dass man Fenster mit Steinen einwirft oder Autos umstürzt und sie anzündet. Die Stimme der Angst ist laut und eindringlich. Aber es ist die leise, innere Stimme der Gemeinsamkeit statt der Trennung, die das Chaos durchdringt und unsere Aufmerksamkeit weckt.

Weil alles miteinander verbunden ist, können Lösungen dort auftauchen, wo wir sie am wenigsten erwarten, und können göttliche Kräfte unser Leben ins Gleichgewicht bringen. Wenn Ihnen beispielsweise jemand Geld schuldet, es Ihnen nicht zurückzahlt und aus Ihrem Leben verschwindet, dann sprechen Sie mit dem Heiligen Geist darüber. Schicken Sie der Person, die Sie »betrogen« hat, Liebe, und halten Sie nach Reichtum Ausschau, der sich Ihnen auf andere, überraschende Weisen bietet. Wenn Sie die Barrieren aus Wut und Vorwürfen beseitigen, kann Sie der Überfluss wegen des Lichts, das Sie sind, frei durchströmen.

Tatsächlich kann jedes Problem auf der Ebene der Spiritualität, der Quelle, des Lichts und des höheren Bewusstseins seine Lösung finden. Nachhaltige Lösungen auf der

Ebene des Egos, das in der Welt der Formen versucht, Dinge zu beheben oder zu steuern, gibt es nicht. Beginnen Sie mit der Liebe, und setzen Sie sie ein, um in Gemeinsamkeit zur Lösung zu finden.

Wenn Sie sich dessen bewusst sind, dass es nur *ein* Problem und nur *eine* Lösung gibt, sind Sie bereit, den Schritt zur Vergebung zu gehen. Aber einen Moment noch, denn hierbei geht es um eine andere Art der Vergebung, als sie Ihnen bisher vertraut ist.

9.

Üben Sie wahre Vergebung

Wie im vorigen Kapitel erläutert, scheinen Probleme unendlich viele unterschiedliche Formen und Größen zu haben. Dasselbe ließe sich über die zahllosen Formen von Schmerz, Angriff und Verrat sagen – lauter Phänomene, die Kränkungen und Groll bewirken, die dann möglicherweise einer Vergebung im Wege stehen.

Aber wenn Ihnen klar ist, dass es nur *ein* Problem gibt – den Glauben, dass wir von uns selbst, voneinander und vom Heiligen Geist getrennt sind –, dann ist Ihnen folgerichtig auch klar, dass es nur eins gibt, das wir vergeben müssen: den Glauben, dass wir von uns selbst, voneinander und vom Heiligen Geist getrennt sind.

Dieser eine Akt der Vergebung verändert *alles*.

* * *

Was also wäre, wenn ich Ihnen sagte, dass wir Vergebung bisher völlig falsch betrachtet und sie entsprechend falsch definiert haben? Was, wenn ich Ihnen sagte, dass Vergebung nichts mit der Person zu tun hat, durch die Sie verletzt oder verraten wurden, und alles mit Ihrer Selbstliebe? Und was, wenn ich sagte, dass Ihnen diese neue Definition von Vergebung mehr als alles, was in Ihrer Macht steht, ermöglicht, das Licht zu sein, das Sie sind, und dass sie Sie mit Überlichtgeschwindigkeit an diesen Punkt bringen wird?

Hoffentlich veranlassen Sie meine Worte, einen zweiten Blick auf die Vergebung zu werfen. Denn wenn wir das Wort »Vergebung« aussprechen, berührt dies meist den tiefsten Teil des Egos, dessen erste Reaktion entweder ein verdrießliches oder ein angriffslustiges »Auf gar keinen Fall, das werde ich nicht tun« ist.

Der Grund liegt darin, dass wir unter Vergebung verstehen, jemanden vom Haken und damit ungeschoren davonkommen lassen, und das will das Ego als Allerletztes. Dem Ego geht es darum, uns selbst und andere für unsere beziehungsweise ihre Taten bezahlen zu lassen. Auf diese Weise hält es uns in dem Glauben, getrennt und unabhängig von anderen zu sein, und lässt uns in einer Haltung aus Angriff und Verteidigung verharren, worüber wir das Licht, das wir sind, vergessen.

Lassen Sie mich die Vergebung an folgendem Beispiel veranschaulichen. Es liefert eine weitere Begründung dafür, warum das Wissen, dass wir das Licht sind, und das Üben von Selbstliebe die Basis der in diesem Buch beschriebenen zehn Grundregeln sowie eines friedvollen Lebens bilden.

Lori hat eine dreijährige Tochter und weiß nicht recht, wie sie sich als Mutter verhalten soll. Da dies ihr erstes Kind ist, zweifelt sie ihre Entscheidungen im Nachhinein immer wieder an und fragt sich, ob sie durch falsche Erziehung bei ihrem Kind tiefe Wunden schlägt. Ihr Mann Ryan versucht, sie zu beruhigen, indem er ihr sagt, dass sie ihre Aufgabe gut erfüllt, aber Loris Unsicherheit bleibt bestehen.

Als Lori ein Stellenangebot bekommt, nimmt sie es an, weil sie weiß, dass das zusätzliche Geld hilfreich sein wird, Rücklagen für die Finanzierung des Studiums ihrer Tochter zu bilden. Aber sie hat Schuldgefühle, weil sie nun das Kind in die Obhut anderer gibt.

Ihre Mutter sagt zu ihr: »Was denkst du dir? Du hast eine Tochter, um die du dich zu Hause kümmern musst. Wie willst du denn eine gute Mutter sein können, wenn du gleichzeitig einer Arbeit nachgehst?«

Lori, die bereits unsicher ist, fühlt sich nun auch noch verraten und angegriffen. Auf dem Schlachtfeld könnte sie von dieser Position aus selbst zum Angriff ausholen. Sie könnte auch ihre Schuldgefühle an Ryan auslassen. Oder sie könnte schweigen und zulassen, dass der Schmerz sie im Laufe der Zeit auffrisst.

An irgendeinem Punkt wird sie sich entscheiden, ihrer Mutter zu vergeben oder nicht. Wenn sie das tut, wird das wahrscheinlich mit der Einstellung geschehen: »Ich glaube nicht, dass sie mich wirklich verletzen wollte. Also vergebe ich ihr, auch wenn es noch immer wehtut.« Aber Lori hat die Äußerungen ihrer Mutter als Angriff aufgefasst, weil der Pfeil mitten in ihr Ego getroffen und sich dort eingenistet hat.

Nun stellen wir uns das Ganze einmal auf eine andere Weise vor:

Lori ist zum ersten Mal Mutter, und weil sie sich an das Licht erinnert, das sie ist, vertraut sie darauf, dass ihr Selbst, der Heilige Geist und ihr Mann das Richtige für ihr Kind und ihre Finanzen tun werden. Lori ist sich nicht immer hundertprozentig sicher, die richtigen Entscheidungen zu treffen, aber sie liebt ihr Selbst genug, um zu wissen, dass sie ihr Bestes tut, und sie kann darauf vertrauen, dass sie und Ryan wissen, wie sie ihr Kind großziehen wollen. Ihr Erziehungsverhalten ist nicht immer perfekt, aber sie haben liebevolle Absichten, diese Gewissheit hat Lori.

Als Lori sich dafür entscheidet, eine Stelle anzunehmen, hegt sie deswegen keine Schuldgefühle. Sie ist sich im Klaren darüber, warum das die richtige Entscheidung für sie und ihre Familie ist. Dann ruft eines Tages ihre Mutter bei ihr an und sagt genau dasselbe wie im vorigen Beispiel: »Was denkst du dir? Du hast eine Tochter, um die du dich zu Hause kümmern musst. Wie willst du denn eine gute Mutter sein können, wenn du gleichzeitig einer Arbeit nachgehst?«

Diesmal ist Loris Reaktion eine ganz andere. Obwohl ihre Mutter denselben Pfeil abgeschossen hat, gibt es kein Ziel, das er treffen könnte. Die Äußerungen ihrer Mutter landen nirgendwo. Lori, die mit ihrer Situation zufrieden und im Einklang ist, kann erkennen, dass die Bemerkungen nichts mit ihr, aber alles mit ihrer Mutter und deren Unsicherheiten und Schuldgefühlen hinsichtlich ihrer Erziehungsleistung zu tun haben.

Weil Lori sich Selbstliebe und liebevolles Ablösen erarbeitet hat, gibt es nichts zu vergeben, weil nichts wirklich geschehen ist. Ihre Mutter hat eine machtlose Äußerung getan.

Worin besteht der Hauptunterschied zwischen den beiden Beispielen? Nicht in den äußeren Umständen oder in der Situation. Die sind in beiden Beispielen dieselben. Der

Unterschied ist Loris Selbstliebe, die sie gegenüber Angriffen unverwundbar macht.

Hier also der Kernpunkt: Bei wahrer Vergebung geht es nicht darum, dass wir verzeihen, was passiert ist; es geht darum, einen Mangel an Liebe in uns selbst zu verzeihen.

Jedes Mal, wenn wir verletzt werden oder uns hintergangen fühlen, wird uns in Wirklichkeit eine Möglichkeit gegeben, um zu erkennen, wo und wie wir uns mehr lieben können.

In Ordnung, atmen Sie tief durch. Dies ist eine tief greifende Umkehrung des Denkens. Wenn Ihr Ego also im Moment empört auf und ab springt und mit den Armen wedelt, so bitten Sie den Heiligen Geist darum, über das Schlachtfeld auf eine Ebene gehoben zu werden, auf der Sie die Liebe spüren können.

Hier ein paar zentrale Elemente wahrer Vergebung:

Vergebung ist die Maschine, die alles andere am Laufen hält. Wenn sich unser Ego an alte Wunden klammert, können wir nicht erkennen, dass es lediglich unsere eigene Denkweise ist, die uns niederhält. Falls Sie sich je schikaniert, missbraucht oder betrogen gefühlt haben, wissen Sie, wie sehr Ihr Ego außer Rand und Band geraten kann. In dem einen Moment rast und tobt es vielleicht über die Art, wie Sie behandelt wurden, oder über das, was man Ihnen entwendet hat, und im nächsten Moment kann es in Verzweiflung verfallen und sich fragen, ob Sie je wieder glücklich sein oder wie Sie in solch einer schmerzlichen Welt überhaupt existieren können.

Aus diesem Grund ist wahre Vergebung der wirkungsvollste Akt der Liebe. Sie macht reinen Tisch und gibt Ihnen nicht nur zurück, was Sie verloren haben. Sie erinnert Sie auch daran, dass Sie das, wer und was Sie sind, gar nicht erst verlieren können.

Diese Erkenntnis ist die höchste Bedrohung des Egos. Das erklärt, warum Ihr Ego, sobald Sie an Vergebung denken, obwohl sie doch das größte Friedenspotenzial aufweist, vehement opponiert. Es sagt beispielsweise:

- »Was soll das heißen, dass du vergeben willst? Nach all dem, was dir das Monster angetan hat?«
- »Lass sie nicht ungeschoren davonkommen. Du hast allen Grund, zornig zu sein.«
- »Gib's ihm. Nur so lernt er.«
- »Du wirst nie mehr in den Spiegel blicken können, wenn du ihr vergibst.«
- »Das geht schon seit Generationen so. Ich werde das auf gar keinen Fall auf sich beruhen lassen.«

Solche Botschaften sind wie Heroin für das Ego, das unbedingt grollen will und ständig nach Rechtfertigungen dafür sucht. Es ist nicht überraschend, dass diese Sucht, anderen Vorwürfe zu machen, langfristig seinen Tribut von Ihnen fordert. Sie bleiben dadurch festgefahren und halten an negativen und auf Angst basierenden inneren Monologen sowie an Beziehungen fest, die Sie entwerten und Frieden in einen unerfüllbaren Traum verwandeln.

Bei wahrer Vergebung geht es nie um die andere Person. Es geht vielmehr um unsere eigene Selbstliebe und die Bedeutung, die wir einem Ereignis beimessen. Hier ein Beispiel:

Meine erste Ehe endete, als mein Mann eine andere Beziehung begann. Es ist leicht, meinem Mann die Schuld zu geben, nicht wahr? Aber als ich ehrlich zu mir selbst war, erkannte ich, dass der eigentliche Schmerz darin bestand, dass ich mich nicht genug wertgeschätzt hatte, um jemanden zu heiraten, der mich mehr achtete. Ich musste mir selbst vergeben, dass ich meinen Wert nicht von Anfang an beachtet hatte.

Und als ich sehen konnte, dass ich einige wertvolle Lehren aus der Erfahrung zog und dass unsere Scheidung bei mir eine Phase gewaltigen Wachstums anstieß, veränderte sich die Bedeutung, die ich dem Ganzen beimaß. Musste ich meinem ehemaligen Ehemann vergeben – oder hatte ich ihm zu danken?

Hier zwei grundlegende Dinge, die Sie über die wahre Vergebung wissen sollten:

1. Die Erfahrung eines »Angriffs« und Ihre Reaktion darauf ändert sich, je nachdem, wie Sie sich selbst gefühlsmäßig begegnen.
2. Bei der Entscheidung, entweder zu grollen oder zu vergeben, geht es nicht um das äußere Ereignis, sondern um Ihre Interpretation dieses Ereignisses.

Das bedeutet nicht, dass nie mehr etwas »Schlechtes« geschehen wird, wenn Sie Ihr Selbst lieben. Oder dass es, wenn Sie Ihr Selbst nicht lieben, Ihre eigene Schuld ist, wenn Sie verletzt werden. Die in diesem Buch beschriebenen Grundregeln dürfen niemals dazu benutzt werden, um sich selbst oder einem anderem die Schuld zu geben. Wenn das geschieht, sind Sie auf Ihr altes Schlachtfeld zurückgekehrt.

Die Wahrheit lautet: Je mehr wir uns selbst lieben und als das Licht in dieser Welt wirken, desto unwahrscheinlicher ist es, dass wir uns auf Angriff und Verteidigung einlassen. Und wenn Sie jene Energie nicht anziehen, werden sich Ihre äußeren Umstände wahrscheinlich beruhigen. Es wirkt wie ein Stimmungsaufheller.

Je mehr wir aus unserem eigenen Licht heraus leben und je weniger wir vorschreiben, wie die Äußerungen und Handlungen anderer Menschen sein sollten, um uns glücklich zu machen, desto weniger Bedarf haben wir an Vergebung und desto leichter wird es uns fallen, zu vergeben, wenn eine entsprechende Situation auftaucht.

Sie können vergeben *und* gleichzeitig Grenzen setzen. Sie können jemandem vergeben, der Sie verletzt hat, *und* beschließen, ihn oder sie nicht mehr in Ihrem Leben zu haben. Sie können vergeben *und* klarmachen, dass ein inakzeptables Verhalten Konsequenzen hat.

Vergeben bedeutet nicht,

- dass man alles mit sich machen oder sich ausnutzen lässt;
- dass man irgendeine Art von Wut oder Missbrauch akzeptiert;
- dass man in einer Situation bleibt, die emotional, physisch oder spirituell ungesund ist.

Wenn jemand Sie beispielsweise physisch oder verbal behelligt, können Sie die Polizei rufen *und* dem oder der Betreffenden vergeben. Wenn Ihre Mutter Sie kleinmacht, können Sie sich weigern, ihren negativen Ausführungen zuzuhören, *und* ihr vergeben. Wenn sich ein Kollege oder eine Kollegin unkooperativ verhält, können Sie mit Ihrem Vorgesetzten über eine Verbesserung der Situation sprechen *und* mit dem oder der Betreffenden Nachsicht üben.

Denken Sie daran: Diese Grenzsetzung funktioniert auch mit Selbstvergebung. Wenn Sie beispielsweise daran arbeiten abzunehmen, und Ihr Ego Sie dabei ständig sabotiert, ist es absolut in Ordnung, wenn Sie Ihr Ego direkt ansprechen, etwa so: »Ich vergebe dir, aber du hast hier nicht das Sagen. Von jetzt an entscheidest nicht mehr du, was ich zu mir nehme. Ich werde mein höheres Selbst und den Heiligen Geist darum bitten, diese Entscheidungen zu treffen, damit ich die Lebensmittel auswählen kann, die zu meinem Besten sind.«

Interessanterweise verbessert sich die Situation wahrscheinlich, sobald Sie vergeben, weil Sie das Kräftespiel verändert haben. Aber wenn das nicht der Fall ist, erinnern Sie sich daran, dass Selbstliebe das Herzstück Ihres inneren Friedens darstellt. Vergeben Sie *und* tun Sie das, was Sie tun müssen, um Frieden in Ihrer Ecke der Welt zu schaffen.

Vergeben wischt die Lampe sauber. Denken Sie darüber nach, was geschieht, wenn Sie sich herabgewürdigt oder verletzt fühlen. Als Erstes will Ihr Ego die Verbindungen zu dieser Person abschneiden.

Diese Trauben sind Ihnen zu sauer, ja? Und was geschieht? Sie unterdrücken Ihr Licht, statt es in der Welt erstrahlen zu lassen.

Zum Beispiel fährt Sie eine Verwandte während eines Feiertagsfestes an, und Sie grollen ihr und sagen sich: »Na gut. Wenn die sich so aufführt, red ich eben einfach nicht mehr mit der.« Und das Ergebnis? Sie schneiden einen Teil von sich ab.

Oder Ihre Geschäftspartnerin lehnt einen Ihrer Vorschläge ab. »Schön«, sagt Ihr Ego. »Wenn das so läuft, dann bringe ich mich eben nicht mehr mit solcher Begeisterung in den Aufbau dieses Geschäfts ein. Wenn sie mich nicht zu schätzen weiß, dann biete ich eben einfach gar keine neuen Ideen mehr an.«

Diese Situationen mögen belanglos wirken, aber sie sind ausgesprochen real. Wir alle glauben gern, dass wir über so etwas hinausgewachsen sind, aber unsere Egos sind nicht gerade für ihre Reife bekannt. Andererseits verleiht Ihnen wahre Vergebung eine über Ihr Alter hinausgehende Weisheit.

Vergebung ist die Revolution, die wir brauchen. Wenn Sie eine stichprobenartige Befragung unter Bürgern durchführen würden, wie ein Todesschütze an einer Schule bestraft werden sollte, würde ein großer Teil von ihnen vermutlich antworten: »Ich hoffe, dass er in der Hölle verrottet. Eine Hinrichtung wäre zu gut für ihn.« Auge um Auge; das wird als angemessene Reaktion auf ein abscheuliches Verbrechen betrachtet.

Amoklauf in Schulen weckt starke Emotionen, aber zugleich mit mehr Schulsicherheit wird auch eine andere Gesetzgebung gefordert. Stellen Sie sich vor, wie revolutionär diese Forderung wäre, wenn sie Mitgefühl mit dem Todesschützen einschlösse. Überlegen Sie, wie sehr diese Forderung im Licht verankert wäre.

Die Vergebung mittendrin abzubrechen ist so, als würde man quer durch Amerika fahren, um zum Grand Canyon zu kommen, aber dann ein paar Kilometer, bevor man sein Ziel erreicht hat, von der Straße abbiegen und stattdessen ein Museum über den Grand Canyon besichtigen. Es ist ein armseliger Ersatz für die reale Sache.

Wenn wir also eine echte Veränderung wollen, sollten wir auch eine echte Veränderung durchführen.

Sehen Sie die Sache einmal so: Wenn der Heilige Geist einen Todesschützen an einer Schule betrachtet, sieht er Licht, das von einer Schicht aus Dunkelheit bedeckt ist. Er sieht nicht das Böse oder Gebrochenheit, sondern ein Vergessen der Wahrheit, das durch eine tiefe Einsamkeit und Qual verursacht wurde.

Es kann alle möglichen Folgen haben, wenn man versucht, das Licht zu blockieren. Massaker an der Schule sind eine von ihnen. Aber die Tat, die vergeben werden muss, ist nicht das Erschießen von anderen Menschen; es ist die Tatsache, dass wir vergessen, was wir sind, und aus Angst statt aus Liebe handeln.

Wir alle tun das. Wir alle tragen dazu bei. Wenn wir uns auf dem Schlachtfeld in unserem eigenen Bewusstsein befinden, wenn wir uns oder andere in unseren Gedanken beschimpfen, wenn wir darauf bestehen, dass unser Weg der richtige ist und alle anderen besser mit einsteigen, tragen wir zu einer chaotischeren Welt bei. Und Gewalt wird ein Teil dieser Welt sein, egal wie streng unsere Waffengesetze auch sein mögen.

Wir müssen uns fragen: »Wie kann es nur sein, dass wir eine Welt erschaffen haben, in der ein junger Mensch so verzweifelt und wütend ist, dass er anderen gegenüber gewalttätig wird? Was in unserem kollektiven Bewusstsein macht so etwas möglich? Wie können wir Ganzheitlichkeit in die Situation bringen, statt noch mehr Mauern hochzuziehen?«

Unser Ego hat Angst – nicht vor Gewalt, sondern davor, dass wir irgendwelchen Ansprüchen nicht genügen. Solange wir weiterhin aus unserer Angst heraus handeln, denken

und leben, werden wir mit weiterer Wut und weiterer Verzweiflung konfrontiert werden.

Also vergeben Sie, woran auch immer sich Ihr auf Angst
basierendes Bewusstsein festklammern mag. Vergeben Sie
sich selbst, dass Sie vergessen haben, was Sie sind, und dass
Sie das Licht vergessen haben, das auch in allen anderen vorhanden ist.

Wenn Sie eine Revolution in Gang setzen wollen, dann
suchen und finden Sie einen Menschen, dem Sie vergeben
können.

Vergebung ist *der* Weg zum Frieden. Um als Licht der Welt
zum Wohle aller wirken zu können, wollen und müssen
Sie mit sich und anderen im Frieden sein. Wenn man an
irgendwelchen Kränkungen festhält oder einen Groll hegt,
beschmutzt man sein eigenes Licht und trübt es. Außerdem
lenkt es einen ab, und das Ego verbraucht wertvolle Energie
durch ein Nacherleben der Verletzung.

Überlegen Sie doch einmal, wie oft Sie in Gedanken einen Verrat erneut durchspielen, und wie selten Sie das im
Vergleich mit einem erfreulichen Augenblick oder einem
Kompliment tun. Höchstwahrscheinlich läuft die Erinnerung an die Verletzung ständig wie in einer Endlosschleife
weiter, während Sie einen glücklichen Augenblick oder ein
Kompliment rasch wieder vergessen.

Aber wenn Sie vergeben, verändern Sie die Gewichtung.
Sie befinden sich dann nicht mehr länger auf dem Schlacht-
feld und sehen die Wahrheit der Schleudern und Pfeile: Diese
Waffen besitzen nicht mehr die Macht, Sie zu verletzen.

»*Vergebung*
ist der *Weg* zum
Frieden.«

Stellen Sie sich ein Ziel vor, auf das ein Dutzend Giftpfeile gerichtet ist. Wenn Sie das Ziel wegnehmen, fliegen die Pfeile ziellos durch die Luft und landen ohnmächtig auf dem Boden. Die Kernbotschaft lautet nicht »Sei kein Ziel.« oder »Mach dich nicht zum Ziel.«, sondern »Liebe dein Selbst stark genug, um zu wissen, dass es kein Ziel gibt.«.

Vergebung befreit uns von der Vergangenheit. Vielleicht kennen Sie die Redensart, dass die Kenntnis einer Geschichte vor ihrer Wiederholung schützt. Aber stimmt das? Oder erhalten wir sie gegenwärtig und unvergeben, indem wir uns an sie erinnern und sie wieder und wieder Revue passieren lassen?

Bisher hat die Erinnerung an den Holocaust nicht dazu geführt, dass kein weiterer Genozid mehr geschieht. Die Erinnerung an den Ersten Weltkrieg hat den Zweiten Weltkrieg nicht verhindert. Die Erinnerung an die Sklaverei hat die Gesellschaft nicht von Menschenrechtsverletzungen abgehalten oder bewirkt, dass Menschenrechte von allen als verpflichtend betrachtet werden.

Ich spreche mich nicht dafür aus, dass wir die Geschichte vergessen, sondern dafür, dass wir das Geschehene vergeben, damit wir endlich weiterkommen. Nur dann werden wir mit einer geringeren Wahrscheinlichkeit die gleichen Ängste neu erstehen lassen, die uns so lange in jenem Muster aus Angriff und Unterdrückung festgehalten haben.

Wie stellen wir das an? Wir könnten uns sagen: »Seit Generationen haben wir alle aus unseren Ängsten heraus gelebt und andere ebenso wie uns selbst verletzt. Manche dieser Verletzungen erschienen unverzeihlich, weil sie bei so vielen Menschen einen sehr tiefen Schmerz erzeugt haben – einen Schmerz, der Jahr für Jahr am Leben erhalten wurde.

Ich will diesen Schmerz nicht mehr erleiden, und ich will auch nicht, dass irgendjemand sonst ihn weiter erleidet. Ich weiß, dass es nur noch mehr Wut und Schuldzuweisungen erzeugt, wenn wir unsere Welt auf Wut und Schuldzuweisungen aufbauen. Aber wenn wir vergeben, machen wir eine neue Welt möglich.

Meine Sehnsucht nach dieser friedlichen neuen Welt, die in meinem eigenen Herzen beginnt, ist größer als mein Verlangen danach, alte Wunden wieder aufzureißen. Und darum bin ich bereit, zu vergeben und mir vergeben zu lassen, und ich bitte darum, dass mein Licht zum höchsten Wohle aller eingesetzt wird. Bitte heile alle auf Angst basierenden Gedanken, die mich in der Vergangenheit gefangen halten würden, damit ich vollständig vergeben und unbelastet einen Neuanfang machen kann. Amen.«

* * *

Wie setzt man diese neue Form von Vergebung in die Tat um?

- Sprechen Sie mindestens fünf Minuten täglich mit dem Heiligen Geist. Bringen Sie Ihre Sehnsucht nach Frieden in *Ihrer* kleinen Ecke der Welt zum Ausdruck, und bitten Sie dann darum, dass alle Ihre auf Angst basierenden Gedanken durch Vergebung geheilt werden mögen. Das wird Ihnen dabei helfen, Ihre innere Landschaft für den Frieden vorzubereiten, nach dem Sie sich so sehr sehnen.

- Verwenden Sie täglich folgendes Mantra: »Ich vergebe in diesem Augenblick mir selbst und allen anderen für alles, was wir in Form von Taten, Worten, Gefühlen

oder Überzeugungen getan oder unterlassen haben –
in allen Augenblicken in der Vergangenheit und in der
Zukunft. Ich erkenne, dass alles Liebe ist oder ein Ruf
nach Liebe, und ich vergebe jedem, auch mir selbst, für
alle Gedanken, Worte oder Handlungen, die aus Angst
entstanden sind. Ich bekenne mich zum Licht in mir
selbst und in allen anderen.«

- Suchen Sie jeden Tag nach Geschichten der Vergebung.
  Gibt es jemanden, den Sie wegen seiner oder ihrer Fähigkeit zu vergeben bewundern? Was für Worte würden Sie verwenden, um diese Person zu beschreiben?
  Wie fühlen Sie sich in der Nähe dieser Person? Können Sie sich an eine Zeit erinnern, in der Sie wahrhaft
  vergeben haben? Wie fühlten Sie sich damals emotional und physisch? Wie hat sich der Akt des Vergebens
  auf Ihr Leben ausgewirkt? Achten Sie im Verlauf Ihres
  Tages auf Geschichten der Vergebung. Möglicherweise
  begegnen Sie mehr, als Sie erwartet haben.

- Fragen Sie sich: »Wem vergebe ich nicht?« Sehen Sie
  dieses Kind Gottes jetzt vor Ihrem geistigen Auge. Erkennen Sie, dass seine Handlungen und Ihre Reaktion
  darauf aus Angst entstanden sind, die im Angesicht der
  Liebe keine Macht hat. Bitten Sie den Heiligen Geist,
  allen Widerstand zu heilen, den Sie gegen eine Vergebung empfinden. Sprechen Sie dann die Worte »Ich
  vergebe dir«, und stellen Sie sich dabei vor, der oder
  die Betreffende würde direkt vor Ihnen stehen. Atmen
  Sie tief durch, und spüren Sie den Frieden der Selbstliebe. Bitten Sie schließlich, bevor Sie an diesem Tag zu
  Bett gehen, um die Erleichterung und Ruhe, die Vergebung bietet, und danken Sie für die erhörten Gebete.

- Bestimmen Sie einen Groll, den Sie aufgrund einer Bemerkung oder Handlung gegen jemanden hegen. Blicken Sie jetzt, statt sich auf die Handlung oder Äußerung zu konzentrieren, nach innen, und stellen Sie sich diese Fragen:
  - In welcher Weise hat mein Ego die Worte oder Handlung der anderen Person genutzt, um eine Angst in mir zu verstärken?
  - Ändert die Äußerung oder Handlung dieser Person irgendetwas an der Tatsache, dass ich Liebe und Licht bin?

Vollziehen Sie die beschriebenen Schritte mit wohlüberlegter Absicht, und bitten Sie den Heiligen Geist um Hilfe und Erkenntnis. Wenn irgendwelche Gefühle in Ihnen hochkommen, dann lassen Sie sie zu und erinnern Sie sich an die folgenden Worte aus *Ein Kurs in Wundern*: »Vergebung ruht immer auf dem, der sie anbietet, bis er sich selbst so sieht, dass er sie nicht mehr braucht.«

* * *

Wie sieht wahre Vergebung im Handeln aus?

1. Eine Ihrer Freundinnen, die gerade im Urlaub ist, kommentiert einen Ihrer Facebook-Beiträge mit einer Bemerkung zu Ihrer unordentlichen Haushaltsführung. Der Hieb sitzt, und Sie fühlen sich angegriffen, verletzt und überrumpelt.

Wenn Sie keine wahre Vergebung praktizieren, wird Ihr Ego in den Angriffsmodus wechseln und Rache oder

Bestrafung planen. »Die hört nie wieder etwas von mir«, könnte es sagen. »Der kündige ich meine Freundschaft. Oder ich ignoriere ab sofort alle ihre Beiträge. Oder ich gebe es ihr zurück und sage ihr, dass ich sie nie mehr in unser Haus einlade, wenn sie das so sieht.«

Geh, Ego, geh. Nichts wird dadurch erreicht außer dem Ende einer Freundschaft.

Wenn Sie hingegen wahre Vergebung praktizieren, vergeben Sie sich selbst für einen Mangel an Selbstliebe. Der Kommentar Ihrer Freundin wird an Ihnen abprallen, weil Sie sich selbst nicht für Ihre Haushaltsführung verurteilen. Es gibt daher keinen Angriff, und der Kommentar betrifft Sie nicht. Es gibt also auch nichts zu vergeben. Aber vielleicht wollen Sie herausfinden, was mit Ihrer Freundin los ist. Wenn sie ihren Urlaub damit verbringt, verletzende Kommentare zu posten, ist das möglicherweise ein Schrei nach Liebe.

2. Sie gehen mit Ihrem afroamerikanischen Cousin an einer Straße entlang, als ein Mann in einem Auto heranfährt, bremst und schreit: »Geh zurück nach Afrika, wo du hingehörst!« Ihr Cousin ist geschockt und weiß nicht, was er sagen soll. Ihr Ego steht sofort bereit und will Beleidigungen – wenn nicht Steine – auf den Fahrer schleudern. Stattdessen atmen Sie tief durch, sehen ihm in die Augen und sagen: »Mein Herr, was oder wer auch immer dafür gesorgt hat, dass Sie sich so fühlen – es tut mir wirklich leid. Ich wünsche Ihnen alles Gute.« Dann gehen Sie beide weiter und schicken ihm Liebe.

Oder, noch besser, Sie blicken ihm in die Augen und sagen: »Hey, wissen Sie, wo die örtliche Bäckerei ist? Ich habe gehört, dass es in dieser Stadt ganz wunderbares holländisches Gebäck geben soll.«

Ich meine das ernst. Seine Worte waren unerhört, aber er hat zu sich selbst gesprochen und versucht, Ihren Cousin zum Ziel seines eigenen Selbsthasses zu machen. Die Situation hat nur dann eine Bedeutung, wenn Sie zum Schwert greifen und sich dem Kampf auf dem Schlachtfeld stellen. Aber wenn Sie sich darüber erheben, entfernen Sie das Ziel und heben seinen Angriff auf. Er hätte genauso gut sagen können: »Schönes Wetter haben wir heute.«

Vor diesem Hintergrund kann es eine passende Reaktion sein, das Thema zu wechseln. Das lässt das Licht in Ihnen noch heller leuchten. Und man kann nie wissen: Wenn Sie ihn bitten, Ihnen zu helfen, kann ihn Ihre Bitte möglicherweise daran erinnern, dass sich unter seiner Dunkelheit ebenfalls Licht verbirgt.

3. Ein kleines Mädchen wird von ihrem Onkel missbraucht und erzählt das ihrer Mutter. Die Mutter glaubt ihr nicht, und das Mädchen gibt sich selbst die Schuld. Es dauert Jahre, bis sie die Gefühle des Verrats, der Preisgabe und des Selbsthasses aufgearbeitet hat.

Aber nun stellen Sie sich vor, wie sehr sich die Dinge ändern, wenn die Mutter dem Mädchen glaubt, die Behörden einschaltet, wahre Vergebung praktiziert und mit dem Mädchen redet. »Es tut mir unendlich leid, dass er dir das angetan hat«, könnte sie sagen. »Was er getan hat, war falsch. Er ist krank, und die Behörden werden ihm helfen. Und ich würde auch gern für uns eine Therapeutin suchen, die dir dabei helfen kann, über deine Gefühle zu sprechen. Ich will, dass du weißt, dass das, was er getan hat, nicht auf dich bezogen war. Manchmal, wenn Menschen innere Verletzungen haben, verletzen sie andere. Es tut mir leid, dass du diejenige warst, die von ihm hineingezogen wurde. Ich halte es für wichtig für uns, dass wir ihm vergeben, damit wir unser Leben nicht um diese Verletzung herum aufbauen.«

Ich sage nicht, dass dies einfach ist. Ich kenne viele, viele Frauen und Männer, die als Kinder oder als Erwachsene sexuell missbraucht wurden. Und ich verstehe ganz und gar, wie sehr das Ego des oder der Betreffenden nach Gerechtigkeit lechzt. Aber ich habe auch beobachtet, dass das Festhalten an der Wut ebenso schmerzvoll ist wie der ursprüngliche Missbrauch – manchmal sogar noch mehr. Nicht nur, weil das den Schmerz fortbestehen lässt, sondern weil solch eine Anhaftung das Opfer hinter seinen Angstbarrieren eingesperrt hält und verhindert, dass es wirklich erleben kann, wer es ist.

Wenn man einen Täter zum Monster macht und ihn verdammt, schenkt einem das momentan Erleichterung. Aber dann muss die Heilungsarbeit beginnen. Bei diesem Prozess geht es immer um Selbstliebe, um das Kernelement wahrer Vergebung.

* * *

In dieser Zeit der lauten Rufe nach Rache und Vergeltung werden leise Geschichten der Vergebung oft überhört. Aber wir brauchen sie, damit sie uns zeigen, dass wahre Vergebung nicht nur möglich ist, sondern dass sie der natürlichen Ordnung der Dinge entspricht, wenn wir Selbstliebe praktizieren, die Dinge mit den Augen des Heiligen Geistes betrachten und unser Einssein anerkennen.

So kann sich wahre Vergebung anhören:

- »Ich verwende keinen weiteren Gedanken darauf und hoffe, dass du das auch nicht tust.«
- »Ich glaube, dass jede Situation eine Gelegenheit zum Lernen ist. Danke, dass du mein Lehrer gewesen bist.«
- »Ich hätte mich nicht freiwillig in diese Situation begeben, aber jetzt bin ich dankbar, dass wir sie gemeinsam durchlebt haben.«
- »Ich weiß, dass du aus deinen Ängsten heraus agiert hast, und ich habe jene Verletzung persönlich genommen. Ich habe ähnliche Ängste gehabt und hätte, wenn ich in deiner Position gewesen wäre, vielleicht das Gleiche getan.«
- »Ich sehe das Licht in dir. Unabhängig davon, was zwischen uns geschehen ist, weiß ich, dass dieses Licht so stark ist wie immer.«

Halten Sie sich immer vor Augen: Vergebung bedeutet nicht, einfach jemanden vom Haken zu lassen und die eigene Wut oder die durch den Verrat ausgelösten Gefühle zu leugnen. Vergebung bedeutet, den Frieden des höheren Bewusstseins gegenüber der Rechthaberei des Egos zu bevorzugen.

Und wie es in *Ein Kurs in Wundern* heißt: Wenn Sie Frieden wollen, ist Vergebung der Weg. Die Vergebung wird Sie zur Freiheit führen und damit zu unserer abschließenden Grundregel.

10.

Befreien Sie sich

Nun sind wir also am Ende angelangt – oder vielleicht ist es auch der Anfang. Die zehn Grundregeln in diesem Buch bauen aufeinander auf, aber sie sind zugleich auch Teile ein und desselben Ganzen. Alpha und Omega, *ein* Abbild des grenzenlosen inneren Lichts.

In Wahrheit werden Sie natürlich nicht geradlinig lernen und wachsen, sondern in einer Spirale aus einem ständig ansteigenden und sich windend entwickelnden Wissen und Erwachen. Häufig werden Sie das Gefühl haben, die Antworten in den Händen zu halten, um sie dann loszulassen und sich zu fragen, ob sie wohl unter die Couch gerollt oder in einem Schwarzen Loch verschwunden sind.

Aber dann, mitten während einer Meckerrunde bei der Arbeit oder im Stress des Feierabendverkehrs kommt eine dieser Grundregeln herbeigeschwebt und erinnert Sie an das Licht, das Sie sind.

Meine Freundin Judy bezeichnet diesen Drei-Schritte-vor-und-zwei-Schritte-zurück-Prozess, der schließlich doch zu wahrer Freiheit führt, als »flackernde Erleuchtung«. Aber was bedeutet das? Wie würde für Sie wahre Freiheit aussehen und wie würde sie sich anfühlen?

* * *

Während ich dieses Buch schreibe, erhole ich mich von einem Nierenstein, der sich mitten in der Nacht bemerkbar machte. Mein Mann Bob rutschte vor einer Woche auf dem Eis aus und knallte auf den Rücken. Seither war er nicht mehr frei von Schmerzen. Eine Freundin hat einen Gehirntumor, und eine andere wird gerade wegen Brustkrebs bestrahlt.

Die Situation in Nordkorea wirkt unvorhersehbar. In der nahen Innenstadt toben sich Bandenmitglieder aus. Und ich sitze mit einer Rolle Toilettenpapier in unserem Wohnzimmer, damit ich in regelmäßigen Abständen Blattläuse von unseren Fenstern absammeln und in der Toilette runterspülen kann, weil sie gern ins Haus kommen, nur um dort zu sterben.

Zu meinem momentanen Leben gehören auch die im Frühling zurückgekehrten Rotkehlchen. Die meisten unserer Freunde und Verwandten sind körperlich gesund. Wir gehen einer Arbeit nach, die wir lieben. Wir blicken jeden Tag über sanft schwingende Hügel. Dieses Jahr erwarten wir ein neues Enkelkind. Die Welt ist voller liebenswürdiger und mitfühlender Menschen.

Dies ist ein normaler Tag. Er ist vermutlich weder schlechter noch besser als Ihrer. All das sind Dinge, die um mich herum in der äußeren Welt geschehen. Das, was sich innen abspielt, ist die meiste Zeit recht friedlich, gleichgültig, ob ich mich nun auf das zukünftige Enkelkind oder auf das politische Treiben konzentriere. Und ich will damit nicht zum Ausdruck bringen, dass ich etwas Besonderes bin. Ich staune darüber, was alles für uns möglich ist: in einer friedlichen Welt zu leben, unabhängig davon, was um uns herum geschieht, weil wir das Licht sind und Frieden in uns haben. Das ist wahrer Frieden.

Dahin zu gelangen heißt nicht, sich aus der Welt zurückzuziehen, den Kopf zu schütteln und jede Verantwortung von sich zu weisen. Hier geht es darum, *in* der Welt zu sein, aktiv beteiligt, indem wir den in uns bestehenden Frieden in diese Welt tragen, sodass wir Anteil an der Veränderung haben.

Aus diesem Grund wiederhole ich immer wieder, dass Sie das Licht sein sollen, das Sie sind. Das ist eine Notwendigkeit. Sie *sind* das Licht, nun *seien Sie* dieses Licht auch in der Welt. Ignorieren Sie diesen Teil von sich nicht. Üben Sie sich nicht in falscher Bescheidenheit, indem Sie vorgeben, nicht gut genug zu sein. Schließen Sie sich nicht der kollektiven Behauptung an: »Ich bin bedeutungslos.«

Wenn Sie eine Begabung zur Konzertpianistin hätten, würden Sie sie auch nicht verbergen. Sie sollten vielmehr anderen etwas vorspielen, damit sie von der Schönheit Ihrer Musik inspiriert und aufgerichtet werden. Wenn Sie ein begnadeter Chirurg wären, würden Sie schließlich auch nicht vorgeben, dass Ihre Fähigkeiten keine Rolle spielen. Sie würden sie vielmehr einsetzen, um Menschen zu heilen.

Warum also sollten Sie, wenn Sie in sich das Licht haben, Ihre Begabung verstecken, statt sie in der Welt einzusetzen?

Ihr Licht ist ein Instrument, das wir benötigen. Und wir benötigen es von *Ihnen*, und zwar *jetzt*.

Wenn Sie Frieden in die Welt tragen, statt ihn dort zu suchen, werden Sie die Welt verändern.

Wenn Sie Liebe in die Welt tragen, statt sie dort zu suchen, werden Sie die Welt verändern.

Wenn Sie Anerkennung in die Welt tragen, statt sie dort zu suchen, werden Sie die Welt verändern.

Deshalb fängt alles mit Ihnen an und deshalb ist es so wesentlich, dass Sie das Licht sind, das Sie sind. Daher kommt der Frieden. Nicht *von Ihnen*, sondern *durch Sie*. Das ist Ihre Aufgabe.

Also keine Entschuldigungen und keine weiteren Verzögerungen mehr.

Das Licht zu sein, heißt, die Welt mit Liebe statt mit Angst voranzubringen. Dazu *Ein Kurs in Wundern*: »Suche deshalb nicht, die Welt zu ändern, sondern entscheide dich, dein Denken über die Welt zu ändern.« Und das beginnt damit, dass Sie gemäß Ihres inneren Friedens leben. Fühlen Sie die Freiheit, das Licht zu sein, das Sie sind.

* * *

Nachfolgend ein paar wirkungsvolle Wege der Selbstbefreiung.

Verhalten Sie sich anderen gegenüber freundlich. Das zählt. Freundlichkeiten häufen sich nicht nur an. Sie erinnern uns daran, wer wir als das Licht sind, und dieses Licht kann unerwartet weitgreifende Ergebnisse erzielen.

»Das Licht zu sein, heißt,
die Welt mit Liebe statt mit
Angst voranzubringen und
beginnt damit, dass Sie
gemäß Ihres inneren
Friedens leben.«

Hitler beispielsweise war ein kleiner Mann in einem kleinen Land, der Angst einsetzte, um ein Reich aufzubauen, das nur von kurzer Dauer war. Sehen Sie sich den Verlust an Leben an; all die Verzweiflung und das Herzleid, die durch eine Person erzeugt wurden, weil die Menschen auf die Stimme der Angst statt auf ihr höheres Selbst, die Stimme der Liebe, gehört haben. Die Stimme der Angst ist in der Außenwelt laut und durchdringend, und sie ist auch in Ihrem eigenen Bewusstsein laut und durchdringend.

Aber wenn Sie Ihr Leben von ihr dirigieren lassen, errichten Sie genau wie Hitler ein Reich der Verzweiflung. Die Leute fragen: »Warum hat ihn niemand aufgehalten?« Aber die bessere Frage wäre: »Warum beharren wir weiterhin darauf, Reiche des Hasses, der Verfolgung, der Verurteilung und des Angriffs in unserem eigenen Ego-Bewusstsein aufzubauen?« Hitler war keine Anomalie. Er wurde durch die Angst in uns allen ermächtigt. Es ist an der Zeit, dergleichen zu beenden. Aber jeder von uns muss es für sich tun.

Darum sollten wir nie die Macht mitfühlenden oder freundlichen Verhaltens unterschätzen. Mindestens ein Schulmassaker wurde verhindert, als sich ein Schüler einem potenziellen Todesschützen freundlich zuwandte, ohne zu wissen, dass diese Handlung einem wütenden und isolierten jungen Mann das Gefühl gab, doch dazuzugehören.

Ebenso kenne ich einen Mann, der einen Überfall plante, als er aus heiterem Himmel einen Text von einem alten Freund erhielt. Die Botschaft erinnerte ihn an seine größere Aufgabe, und als Ergebnis legte er sein Gewehr nieder.

Und ich kenne eine Familie, die an dem Alkoholismus einer Person zerbrochen war, aber wieder zusammenfand, als einer von ihnen einfach fragte: »Wie kann ich helfen?«

Es gibt unendlich viele Beispiele dafür, dass Freundlichkeit Angriffe und Selbstmorde verhindert oder einfach den Tag eines Menschen aufgehellt hat. Wenn Sie sich also überfordert fühlen und denken, dass Sie nichts bewirken können, dann gehen Sie einfach ein ganz klein wenig auf jemanden zu. Ihre einfache Handlung könnte den Lauf der Geschichte ändern.

Übergeben Sie alles an den Heiligen Geist. Kürzlich verlangte mein Ego eindeutig nach Aufmerksamkeit und kreiste um eine Frage zu meinem nächsten Buch. Hatte ich das richtige Thema gewählt? Befragte ich die richtigen Leute? Hatte ich begonnen, eine Liste mit möglichen Titeln anzulegen?

Kontrolle, Kontrolle, Kontrolle. Dieses innere Ego-Tam-Tam dauerte so lange an, bis ich darum bat, dass meine auf Angst basierenden Gedanken geheilt würden, und zu mir und dem Heiligen Geist sagte: »Ich bin so glücklich; ich muss die Antworten nicht haben.«

Mit dieser Aussage kehrte Frieden in mich ein. Ich fühlte mich unbeschwert wie als Kind, als ich noch keine wirkliche Verantwortung zu tragen hatte. Meine einzige Aufgabe bestand darin, den Augenblick zu genießen und darauf zu vertrauen, dass sich der Heilige Geist um die Dinge kümmerte. Völlige Freiheit.

Und genau dazu rät uns *Ein Kurs in Wundern*: den Heiligen Geist um Hilfe bei *allem* zu bitten, ausnahmslos.

Irgendwie und auf irgendeine Weise ist mir diese Botschaft entgangen, und zwar ... oh ... die ersten fünfundzwanzig Jahre lang, die ich *Ein Kurs in Wundern* studierte. Das zeigt, wie sehr mein Ego *verhindern* wollte, dass ich mich auf den Heiligen Geist verlasse. Und das ist der Grund, warum ich sichergehen will, dass *Ihnen* diese Botschaft nicht entgeht.

Bitten Sie den Heiligen Geist um Hilfe. Bitten Sie den Heiligen Geist um Hilfe. Bei allem, was Sie tun – bitten Sie den Heiligen Geist um Hilfe.

Anders als Ihr Ego es Ihnen weismachen will, hat der Heilige Geist immer Zeit für Sie. Sie sind ihm wichtig, und Sie sind seine Aufmerksamkeit voll und ganz wert.

Zudem ist es für den Heiligen Geist ganz einfach, den Unterschied zwischen Liebe und Angst zu sehen. Ihn verwirren Grauschattierungen nicht.

Lassen Sie uns einmal annehmen, dass Sie mit Ihrer besten Freundin in Streit geraten. Sie sagt ständig Verabredungen zum Essen ab und war nicht für Sie da, als sich Ihr Sohn den Arm gebrochen hatte. Sie durchdenken die Situation wieder und wieder. »Wir standen uns früher immer so nah. Was ist in sie gefahren? Bin ich zu hart zu ihr? Lass ich ihr zu viel durchgehen? Ist das alles meine Schuld? Bin ich die denkbar schlechteste Freundin?«

Sie verstehen, worum es geht. Das Ego verbeißt sich in das Problem wie ein Hund in einem Knocken, schüttelt es nach rechts und links, wendet alle Tricks an und steigert sich schließlich in eine Raserei hinein. Wut. Schuldgefühle. Vorwürfe. In der Vergangenheit leben. In der Zukunft leben.

Wie also entwirrt der Heilige Geist dieses vom Ego erzeugte verheddere Chaos? Er sagt: »Es ist alles gut. Du bist ein heiliges Kind Gottes. Deine Freundin ist das ebenfalls. Lass mich den Rest erledigen.«

Das war's. Er schert sich weder darum, was Sie gestern oder vor drei Jahren getan haben, noch darum, was Sie morgen tun werden. Er blickt auf diesen Augenblick und auf diesen und auf diesen. Und er erinnert Sie daran, dass sich nichts geändert hat. Sie sind noch immer Liebe.

Achten Sie darauf, ob Sie in Ihrem Tagesverlauf anfangen, verärgert, frustriert oder ängstlich zu werden. Wenn das der Fall ist, dann halten Sie inne und bitten den Heiligen Geist darum, Ihre auf Angst basierenden Gedanken zu heilen. Und bitten Sie ruhig *viele Male* im Laufe des Tages darum. Im Zweifelsfall sagen Sie einfach: »Bitte hilf mir!« Achten Sie dann auf das Gefühl von Freiheit, das Sie verspüren.

Vertrauen Sie der Macht des Gebets. In *Ein Kurs in Wundern* steht Folgendes über erhörte Gebete: »Allein die Tatsache, dass man etwas vom Heiligen Geist erbeten hat, stellt eine Antwort sicher. Doch es ist ebenso gewiss, dass keine Antwort, die er gibt, jemals die Angst vermehren wird. Es ist zwar möglich, dass seine Antwort nicht gehört wird. Aber es ist unmöglich, dass sie verloren geht. Es gibt viele Antworten, die du bereits empfangen, aber noch nicht gehört hast. Ich versichere dir, dass sie auf dich warten.«

Wenn Sie also glauben, dass Ihre Gebete nicht erhört wurden, können Sie richtigerweise zum Heiligen Geist sagen: »Es liegt nicht an dir. Es liegt an mir.«

Vielleicht haben Sie ernsthaft gebetet, eine Ihrer Meinung nach perfekte neue Stelle zu erhalten. Aber wenn Sie noch nicht die dafür erforderlichen beruflichen Qualifikationen haben, kann dieses Gebet nicht erhört werden ... noch nicht.

Vielleicht sehnen Sie sich nach einem Lebenspartner. Aber wenn Sie erst einmal daran arbeiten müssen, Ihr Selbst zu lieben, wird Ihnen der Heilige Geist zunächst einmal dabei helfen, dieses Problem zu lösen, bevor er die richtige Person in Ihr Leben bringt.

Möglicherweise beten Sie auch, dass Sie abnehmen. Doch wenn Sie unbewusst fürchten, dass ein dünneres Ich von Ihrer Familie, deren Mitglieder alle Essen mit Liebe gleichsetzen, abgelehnt wird, kann Ihnen der Heilige Geist noch nicht dabei helfen, diese Pfunde schwinden zu lassen.

Daher ist es so wichtig, um Heilung der auf Angst basierenden Gedanken zu bitten, weil diese Heilung den Weg freiräumt, damit unsere Gebete erhört werden können.

Denken Sie an etwas, für das Sie gebetet haben, das aber noch nicht erfüllt wurde. Vielleicht waren Sie wütend auf Gott oder den Heiligen Geist, dass sie danebengelangt oder sich Ihnen verweigert haben. Vielleicht haben Sie deswegen an Ihrem Glauben gezweifelt.

Um was auch immer es sich handeln mag: Schreiben Sie es auf, oder zeichnen Sie ein Bild davon, sodass Sie es betrachten können und es sich direkt vor Ihnen befindet. Nun fragen Sie sich: »Wovor fürchte ich mich? Welche Angst in mir muss geheilt werden, damit dieses Gebet erhört werden kann? Bitte ich um das, was ich wirklich will?«

Sprechen Sie mit dem Heiligen Geist darüber, und seien Sie offen für jede Orientierungshilfe, die Sie bekommen. Danken Sie anschließend dafür, dass Ihre Gebete erhört oder nicht erhört wurden.

Helfen Sie einem Mitmenschen in dem Wissen, dass Sie im Gegenzug möglicherweise bei einer ganz anderen Person Unterstützung finden. Vergeben Sie dem einen, und erhalten Sie Vergebung von einem anderen. Das ist wichtig, weil es Sie – und alle anderen – dafür frei macht, ohne die Erwartung einer Gegenseitigkeit zu geben und zu nehmen.

Fragen Sie sich: Was stimmt daran? Nehmen wir an, Sie fühlen sich seit einiger Zeit antriebslos und scheinen das nicht abschütteln zu können. Sie wollen sich nur noch ausruhen und sich über Netflix informieren.

Oder Sie sind die meiste Zeit Ihres Lebens recht gesellig gewesen, aber neuerdings widmen Sie sich eher Ihrem Garten.

Oder Sie haben sich normalerweise mit ruhigen Typen verabredet, und plötzlich stellen Sie fest, dass Sie die Gesellschaft von ausgesprochen extrovertierten Menschen genießen.

Ihr Ego wird wahrscheinlich fragen: »Was stimmt daran nicht?« Es wird vermuten, dass eine solche Veränderung ein Hinweis auf ein Problem ist – auch dann, wenn Sie friedvoller und glücklicher sind als je zuvor. Also stellen Sie dem Heiligen Geist eine andere Frage, nämlich diese: »Was stimmt daran?«

Vielleicht signalisiert Ihr Bedürfnis nach Ruhe, dass eine neue Idee in Ihnen entsteht, oder Ihr höheres Selbst bittet um eine ruhige Phase, um über eine große Entscheidung nachzudenken, mit der Sie konfrontiert werden.

Möglicherweise bedeutet Ihr Bedürfnis, mehr Zeit im Garten und weniger Zeit mit anderen Menschen zu verbringen, dass Sie geerdeter werden.

Und eventuell ist Ihr Interesse an einem andern Typ Partner ein Hinweis auf eine Veränderung vom Besonderen hin zum Heiligen.

Vielleicht – aber nur vielleicht – kann Ihnen der Heilige Geist dabei helfen, die Veränderungen durch die Brille der Liebe statt der Angst zu sehen.

Das häufige Gespräch mit dem Heiligen Geist ist so wunderbar, weil man eine andere Perspektive bekommt und beruhigt wird und daran erinnert, dass alles gut ist.

Halten Sie heute immer dann, wenn Sie beginnen, zu denken, etwas sei falsch in Ihrem Leben, inne, und fragen Sie den Heiligen Geist: »Was stimmt daran?«

Hören Sie auf, zu kämpfen, und lassen Sie es zu, dass Ihr Selbst geliebt wird. Stellen Sie sich ein Pferd vor, das sich in einem Stacheldraht verheddert hat. Je mehr es kämpft und auskeilt, desto mehr Schmerzen fügt es sich selbst zu. Unser Ego ist wie das Pferd, das versucht, sich von seinen Qualen zu befreien. Aber wenn wir es schaffen, stillzuhalten und den Heiligen Geist um Hilfe zu bitten, dann verringern wir unser Leid. Unsere spirituellen Helfer werden bei uns sein und uns, wenn wir sie lassen, über die Gefahren unseres Egos hinausheben.

Denken Sie daran: Wenn Sie anders als bisher auf das Leben reagieren wollen, benötigen Sie eine andere Perspektive; einen neuen Blickwinkel; eine neue Anwendung der Liebe. Nur unter dieser Voraussetzung können Sie den Kreislauf aus Wut und Schuldgefühlen und Angriff beenden. Langfristig ist es das Einzige, was funktioniert.

Wenn Sie also spüren, wie Sie in Angst gefangen sind, stellen Sie sich vor, dass Sie Frieden in eine Schachtel legen, diese in Geschenkpapier einwickeln und sie jemandem oder auch Ihrem Selbst übergeben. Diese einfache Handlung wird Sie daran erinnern, wer und was Sie sind, und da liegt immer Ihre Freiheit.

* * *

In jedem Kapitel dieses Buches habe ich Beispiele aufgeführt, um zu veranschaulichen, wie sich die jeweilige Grundregel anwenden lässt. Jetzt aber möchte ich Ihnen jedoch etwas aus meinem eigenen Leben erzählen, wobei ich hoffe, dass es für Sie hilfreich ist.

Es handelt sich um Verpflichtungen, die ich vor Jahren für mich selbst aufgeschrieben habe. Und ich würde davon profitieren, wenn ich sie jeden Tag läse.

Sie schließen alle die Grundregeln ein, von denen hier die Rede war, und sie belegen meinen Wunsch, sie in jedem Bereich meines Lebens umzusetzen.

Gelingt mir das immer? Nein. Aber mein Vorhaben aufzuschreiben und häufig darauf zurückzukommen, hilft mir, die Art von Leben zu bekräftigen, von der ich weiß, dass sie möglich ist. Diese schriftlichen Verpflichtungen sind kein Anlass, mich selbst zu schelten, sobald mein Ego das Zepter übernimmt. Sie bilden vielmehr einen Übersichtsplan, der mir hilft, in der Spur zu bleiben oder meinen Halt zurückzugewinnen, wenn ich auf angstbasierte Abwege geraten bin.

Je mehr Zeit ich diesen Bekenntnissen widme, desto mehr bewegt sich mein Leben in Richtung Frieden. Sie erinnern mich an die vielen Segnungen in meinem Leben, sodass ich sie nicht als selbstverständlich hinnehme. Sie trösten mich durch das Wissen, dass der Heilige Geist immer da ist, um mich zu führen und zu unterstützen. Und sie helfen mir, mich an das Licht zu erinnern, das ich bin.

Ich kann Ihnen nur empfehlen, etwas Ähnliches für sich aufzuschreiben. Aktualisieren Sie es, wenn es für Sie erforderlich ist. Und beschäftigen Sie sich jeden Tag damit.

Also hier ist sie, die Gesamtheit unserer zehn Grundregeln, die ich mit meinen größten Segenswünschen mit Ihnen teile:

* * *

Wie jeder andere auf dieser Welt bin ich ein perfekter Ausdruck der Liebe Gottes und des göttlichen Lichts. Nichts kann das ändern, aber manchmal vergesse ich es. Wenn das geschieht, bin ich nicht ruiniert, verloren oder allein. Ich muss lediglich den Heiligen Geist um Hilfe bitten und mir das ins Gedächtnis rufen, was ich bin.

Unser Zuhause gewährt jedem, der es betritt, Liebe. Es ist ein Ort des Willkommens, wo wir das Licht in anderen ehren und ihnen helfen, sich selbst zu feiern. Wie wir alle ist es perfekt mit seinen Eigenarten und Unzulänglichkeiten. Und es bietet einen sicheren Hafen für Lachen, Trost, Akzeptanz, Erholung und Vergebung.

Ich segne alle auf diesem Planeten – all die Freunde und Familien, die am Reichtum lebenslanger Beziehungen teilhaben; all die Menschen, die mein Leben mit ihren einzigartigen Gaben bereichert haben, und all die Menschen, denen ich möglicherweise nie begegne, die aber Teil meiner Menschenfamilie sind.

Ich schicke Liebe, Heilung und Frieden an die Orte rund um die Welt, die von Konflikten gezeichnet sind. Ich weiß, dass diese Energie vom Heiligen Geist genau dorthin getragen wird, wo sie benötigt wird, um Angst in Liebe zu verwandeln.

Ich sende meinem Mann meine tiefe Wertschätzung und Liebe für unsere gegenseitige Bindung. Ich danke ihm für seine Liebenswürdigkeit, seine Freundschaft und seine Beständigkeit und für all das Wachstum, das wir miteinander erleben durften.

Wenn mich mein Ego in die Mutlosigkeit und Besorgnis zieht, bitte ich darum, über das Schlachtfeld erhoben zu werden, wo ich die Dinge aus einer neuen Perspektive und durch spirituelle Augen sehen kann. Von dieser Warte aus weiß ich, dass mir mein höheres Bewusstsein in jeder Situation dabei helfen kann, eine friedliche und kreative Lösung zu finden.

Ich gebe das Bedürfnis meines Egos auf, die Dinge zu kontrollieren, zu beheben oder in sie einzugreifen, sodass ich jeden in meinem Leben sein lassen kann, wer und was er oder sie ist. Ich sehe ein, dass ich das große Ganze nicht überblicke und dass jedes meiner Urteile auf meinen eigenen Unsicherheiten und meinen begrenzten Informationen basiert. Daher löse ich mich liebevoll und vertraue darauf, dass alles zum höchsten Wohle aller wirkt. Und ich bitte darum, dass meine Worte und Taten ein Ausdruck von Liebe sind.

Ich weiß, dass das Leben nicht in der Vergangenheit oder in der Zukunft gelebt wird, und werde jeden Tag daran erinnert, mich auf die Möglichkeiten zu konzentrieren, die es mir gestatten, den jeweiligen Augenblick optimal zu nutzen. Ich vergebe mir selbst und allen anderen für die aus der Angst resultierenden Verletzungen, und ich bitte um die Heilung unser aller Herzen, damit wir jeden einzelnen Tag neu miteinander beginnen können.

Ich bin unendlich dankbar für die erlesene Zartheit, Schönheit und Stärke dieser Welt und für die ewige Flamme, die in uns allen leuchtet.

Mit der Liebe bringen wir Heilung auf die Erde.
Durch Gesamtheitlichkeit leben wir in Frieden.
Im Licht erinnern wir uns daran, was wir sind.
Ich entrichte meinen Dank, Amen.

Danksagung

Im Laufe der zurückliegenden Jahre hatte ich die Freude, zweimal im Monat mit außergewöhnlichen Menschen zu einem Studium von *Ein Kurs in Wundern* zusammenzukommen. Die Teilnehmer jener Kurse sind meine Freunde und Lehrer geworden, und dieses Buch existiert aufgrund ihrer wohlüberlegten, aufrichtigen Fragen darüber, was es bedeutet, ein spirituelles Leben zu führen. Ich danke ihnen für ihre Weisheit, ihren Mut und ihr Vorbild.

Ich danke ferner dem Team von Red Wheel/Weiser einschließlich Greg Brandenburgh und Jane Hagaman dafür, dass mir die Zeit und die Hilfestellungen gegeben wurden, mein Manuskript bis zur Veröffentlichungsreife zu entwickeln. Ein besonderer Dank geht auch an Eryn Eaton, eine Quelle der Inspiration und Freude bei der Entstehung dieses Buches, und an die Mitarbeiter der Herstellung dafür, dass sie die Bedeutung jeder Seite durch eine geniale Gestaltung hervorgehoben haben.

Ein riesiges Dankeschön an meine Agentin Stephany Evans von Ayesha Pande Literary, die mir eine standhafte Unterstützerin, eine Stimme der Weisheit und eine Freundin gewesen ist.

Meinem Mann Bob, der während der langen Tage des Schreibens und Redigierens an meiner Seite war und dem meine Arbeit ebenso wichtig ist wie mir, sende ich meine Liebe und Dankbarkeit für unser gemeinsames Leben.

Und schließlich danke ich den spirituellen Führern und Wesen, die mich jeden Tag daran erinnern, dass wir alle ein Licht in uns haben. Ich bin wahrhaft gesegnet.